# 公権力を監視する

## 国民のための刑事政策原論

米山哲夫 著

成文堂

# はしがき

大学の教員をしていることが分かると、たいていの人は「専門は何ですか？」と聞く。「刑事政策です。」と答えると、皆、怪訝そうな顔をする。そこで、「犯罪を減らすためにはどうしたらいいか考えるんです。」と嘘を言う。こうした経験から、「刑事政策」を前面に出しても、本を手に取ってくれる人はまずいない、と知った。それなら、この本に書いてあることのエキスを一言で表現したらどうか。『公権力を監視する』、これが一番ぴったりきた。これこそこの本のスタンスである。

しかし、それでもなおカバーに、「刑事政策の教科書ですよ」ということを示したかった。そこで、副題として「国民のための刑事政策原論」を用いた。この副題について、その経緯を少し詳しく述べる。

まず、「国民のための」と名付けたのは、国民の立法・行政・司法に対する関心があまりにも低いと感じたからである。

立法に関して言えば、国政選挙の投票率は七〇数パーセントあるが、マニュフェストを参考にして投票行動を採る国民は一〇パーセントもいないだろう。おそらく国会中継の視聴率が一割を超えることはまずないと思われる。

行政に関して言えば、丹念に新聞を読みテレビを視聴していればかなりの程度にその概要は解るはずだが、暇を持て余している人でも、それは望むべくもない。

司法に関しては、裁判員制度の影響もあって、一部の国民は関心を持つようにはなっているが、ほとんどの国民にとっては、依然として他人事である。

新聞やテレビでは、毎日のように犯罪や刑事裁判に関するニュースが伝えられている。ニュースになるということは、報道機関が人々のそれに対する関心の高さを見越しているからに違いない。それは刑事政策への入り口になっているはずである。しかし、この「刑事政策」ということば（用語）に接すると、法学部の学生でさえ、ただちに「むずかしい」という反応が返ってくる。入学者の八割が警察官をはじめとする公務員になりたがっている大学でも、「刑事政策」という科目の受講者は一割程度に止まっている。

わが国で年間にいわゆる「警察のお世話になる」人の数は三百五〇万人程度。全国民に占める割合は、先進工業国の中では断然少ない。ということは、多くの人々が公権力（「国家権力」の方がわかりやすい？）の恐ろしさを実感しないで生活している。もっとも、交通反則金を支払わされている人は少なくないわけで、中には「この！泥棒」と思う人もいるに違いないが。

と言うわけで、どうしても多くの国民がこの分野に関心を持つような環境にはなっていない。専門家の努力不足（「怠慢」と言った方がいい？）も否めない。

しかし、われわれはいつ何時罪を問われ、または犯罪の被害に遇うかわからない。そのとき、知らなかったために思わぬ不利益を被らないためにも、公権力との激突が一番激しいこの分野の立法・行政・司法がどのようになっているかを知っておくことが必要である。

われわれが日々の生活に望むのは、身辺の無事と経済生活の安定であろう。それらが幸福感の基礎になる。憲法一三条（個人の尊重と幸福追求権）に言及するまでもなく、この人々の願望を達成させるのが公権力の役割のはずである。その役割を公権力がよく果たしているかどうか、十分監視しようではないか。その資料と監視の仕方を提供するのが、本書の役割りの一つである。

『刑事政策原論』という書名はすでに使われている。ここで「入門」「講義」「概論」などの名称ではなく、「原論」を選択したのは、まず「刑事政策の根底にあるもの」が何かを示すことが「刑事政策学」として必要だと考えたからである。

正直に言うと、「原論」という発想は、小室直樹著『日本人のための憲法原論』から得られた。小室は、「憲法原論」の名で、憲法解釈論ではなく憲法の根底にあるものを解説している。大事なのは、憲法の各条文の解釈ではなく、日本国憲法の背景にあるもの（基礎と言ってもいい）、民主主義と資本主義がどのような経緯で成立したのか、その物語である、という。

憲法は「慣習法」（イギリス憲法は成文法ではない）だから、「成文」が同じでも、その国の国情によって、施行内容はいくらでも変わってくる。いくら民主主義や資本主義を標榜する憲法を持っていたとしても、それらの主義の基盤がそもそもなければ、実際にはそれとは似ても似つかない主義が横行する。果たして、日本にその基盤はあるのか。

刑事政策学の内容には、従来、犯罪現象論・犯罪原因論・犯罪対策論がある、と言われてきた。教科書の中には、この伝統にしたがって、犯罪白書を中心とする各種統計を用いて犯罪現象を紹介し、さらにほぼ一八世紀以降の犯罪原因に関する諸説を概観し、そして刑罰を中心とした犯罪対応策で締めくくる、という類いのものが多い。そうした教科書が物の役には立たない、などと言うつもりはさらさらない。

確かに、犯罪を防圧するためには、今、犯罪現象はどのような状況にあるのか、今、行われている犯罪対策がどの程度効果をあげているのかを知る必要がある。それと同時に、何が人をして犯罪・非行に走らせるのかを過去の知識・経験に照らして調べる必要もあるだろう。

しかし、それらは刑事政策「学」のやることなのであろうか。私は違うと思う。むしろ、学問的対象である「刑事政策」の概念さえ共通の認識のない学問的水準の中で、その射程はどこまでなのかを明確にすることが先決であろう。

上記の伝統からも明らかなように、刑事政策の中心概念は「犯罪」である。ところが、「刑事政策における犯罪とは何か」を解明している教科書はわずかしかない。「犯罪者」については言わずもがなである。

また、刑事政策がなぜ「政策」なのか、ということについても共通認識がない。とくに「主体」については、「政策」であるがゆえに国または地方公共団体であるという単純な認識もあれば、刑事政策制度に多くの私的組織が参加しているから公衆も主体であるという認識もある。ここでは「政策」と「対策」あるいは「対処活動」の区別があいまいなままになっている。

「原論」は、刑事政策を語るときわれわれが念頭に置かなければならないこと、いわば刑事政策の根底にあるものを明らかにすることをその目的としている。常に意識しているのは、「犯罪」がどのような行為であるかを定め、それに対処することによって、社会秩序の維持・実現（つまり上記のわれわれの願望を充足させる）を図ろうとする公権力の性質である。

刑事政策学の基盤には人間学がある。公権力は、集合・共生を避けては生きられない人間の中から登場する。その公権力が持って生まれた性質（原始的機能）の一つが社会秩序の維持・実現である。そのためにこそ、これは放置できない、国家的干渉が必要であるとされる行為を「犯罪」とし、それに対する対処の仕方を工夫するのである。犯罪は、きわめて人間的・社会的現象である。人間学を基盤にもたない刑事政策学はありえない。

# 目　次

目　次

目　次

# 第一章　刑事政策の意義

## 一　公権力の成り立ち

ヒトには、個体維持と種族保存の本能がある。個体維持は食欲・物欲と関連し、種族保存は、言うまでもなく性欲と関連する。これを共通認識として出発点としたい。

これ以下に書くのは人類学や脳生理学の知識に基づく物語である。一つの仮説として頭に置いていただきたい。

ヒトは樹上生活をやめて（なぜやめたのかは解らない）サバンナに降り立ったとき、他の動物とは違って、何の武器も持っていないことに気づいた。鋭い牙を持つ動物、逃げ足の速い動物等がいる中で、ヒトはあまりにもひ弱である。しかし、ヒトは、二足歩行を始めた（これもどうしてかは解らない）おかげで、両手が自由に使えるようになり、脳が非常に発達した。ヒトが個体維持と種族保存の本能を満たすためにとった行動は、グループを作ることである。この群れを作る（集合・共生する）

ことは、本能を充足させるためのさしたる武器をもたない動物の第二の本能になった。この集団欲について、時実利彦は『人間であること』（岩波新書）で、これは大脳辺縁系で生み出される、われわれが「たくましく」生きてゆくためにいちばん重要な本能だと言う。

われわれの祖先は、グループで武器を作って狩りをし、木の実などを採取して食欲を満たすと同時に、集団で外敵から身を守った。また共同生活の中で、性欲を満たした。インセスト・タブー（近親相姦を忌み嫌う習慣）がこのころからあったのかどうかは解らない。他のグループと女性を交換する慣習があったとも言われている。たとえば、縄文時代の集落跡と見られる三内丸山遺跡では、一五〇人ずつくらいが共同生活を営んでいたらしい。

このような欲望を安定的に充足させるためには、その群れの構成員の相互関係と他の群れとの関係が安定的なものでなければならない。その安定をもたらすものは何か。それは、リーダーの存在である。群れを作る（集合・共生する）動物には必ずリーダーが現れる。これは人類の歴史を振り返ってみれば明らかである。

リーダーは、他の群れとの縄張り争いを制して「食」を守り、序列争いに勝って群れ内部の秩序を維持する。行動生物学者の描く猿の仲間のリーダーは、群れを外敵の危険から守るように導き、メスを独占して強い血筋を残そうとする。それが群れを維持・存続させるのに一番よい方法だからである。

猿とヒトとを短絡的に結び付けるのは危険であるかもしれないが、われわれの身の回りでも、リーダーは自然発生的に現れる。会社でも学校でも、クラブやサークルでも、投票などという選抜方法を用いなくても、「ボス」はあうんのうちに決められる。

では、どのような個体または組織がリーダーになるのであろうか。リーダーの資質はどこにあるのか。猿の世界では、腕力が強く、えさを確保する能力があり、しかも異性にとって魅力的な個体がリーダーになる。日本猿の研究などから、そのことは確認されているし、リーダーの交替のときにすさまじい腕力による権力闘争が行われるのは、よく知られているところである。

人類の歴史を見ても、権力闘争に勝つには、強大な暴力を保有し、富を持ち、ある程度のカリスマ性を備えていることが必要である。多くの革命は暴力革命（アメリカ独立革命もフランス革命もロシア革命も明治維新も）であるし、革命を成し遂げた軍事力の背景には経済力があった。また、そうした革命には、必ずカリスマ性を備えた中心人物がいる。

しかし、萱野稔人が『国家とはなにか』（以文社）で指摘するように、最も重要なのは「暴力」である。強大な暴力が、その脅しによって財産の収奪を可能にし、相手方を服従させることができる。国家と暴力団は、その点で近親関係にある。国家とは、暴力団を凌駕する（大きく上回る）、地域の縄張りにおける最高の暴力であり、そのことによって税を徴収し、違法な暴力と適法な暴力（たとえば刑罰）を区分する権限を持つ。*

＊　萱野稔人は、公権力の暴力性を強調するが、おそらく暴力だけに頼る支配（統治）は、いずれより強力な暴力によって覆され長続きはしない。支配（統治）には、権力（暴力）だけではなく権威が必要で

ある。

わが国の皇室が「現存する世界最古の王朝」であり得たのは、その宗教性（いわゆる「日本教」の祭祀を司る）にあったと思われる。つまり、暴力による威嚇ではなく、宗教による、ある種の「聖性」によって、人々の畏敬（恐ろしくもありアトラクティヴでもある）の対象であったからではないだろうか。

わが国で、天皇（上皇・法皇）が実質的な政治権力であった期間は、それほど長くはない。大部分は、その時々の実質的政治権力（貴族や武士）が、天皇から官位や称号を賜ることによって、暴力に権威付けをしたのである。中国大陸でたびたび権力闘争から王朝交替があったのとは対照的である。

わが国ばかりではなく、こうした生の暴力ではなく、他の（宗教的な）権威によって補完された公権力は、世界各地で見られる。

以上述べてきたような過程で、集合・共生する、一定の縄張りの中で生活する人々の間からリーダーが現れた。それは、その持って生まれた性質（原始的機能）として、縄張り内で生活する人々を外敵から保護するとともに、群れの秩序を維持し、破られた秩序を回復させる、という役割（責務）を担うようになったのである。このリーダーが、近代国家における公権力へと成長していった。

## 二　刑事「政策」の成り立ち

公権力によるあらゆる政策は、公権力の原始的機能である、対外的には「外敵の排除」、対内的には「社会秩序の維持・実現」のために立案・施行される。外交・防衛政策、経済政策、農業政策、社会保障政策等々。すべては、原始的機能を果たすのが目的である。

ただし、前出の萱野によれば、「国家が暴力を蓄積することでまもろうとするのは、住民の安全ではなく、みずからの保全である。国家にとって『軍事的な保護』が意味するのは、他のエージェントによる攻撃からその土地におけるみずからの暴力の優位性と富の徴収の権利をまもること以外ではない。…国家は、住民たちがみずからの安全をめざして設立するものではない。そうではなく、暴力的に優位にあるエージェントが住民たちを支配し、かれらから富を収奪することで、国家は成立する。住民の保護とは、そこから派生するひとつの付随的活動にすぎない。」（一〇四―一〇五頁）ということになる。この点については、あとからもう一度触れる。

公権力の対内的な機能と密接に関連するのが刑事政策である。刑事政策は、社会秩序の維持・実現を目的とする活動である。

すでにヒトの二つの重要な本能については触れたが、もう一つ忘れてはならないのが闘争本能である。これは前に述べた序列争いとも密接に関連する。前出の時実は、「人間の歴史から、戦争の記録を抹殺したら、なにが残るだろうか。」（一六八頁）と問い、戦争の理由を、「幸か不幸か、個性をうみだし、私たちをして自主的に行動させる新皮質の前頭連合野があまりにもよく発達したためである。」と述べている。「私たち人間の前頭連合野に芽ばえる競争意識は、野心に燃えさかり、征服欲にたかぶってくる。更にこうじると、相手を消してしまう殺しの心に爆発するのである。個性の座、創造の座である前頭連合野は、私たち人間の血管のなかに殺しやの血潮をたぎらせ、私たちをして同類あいはむ殺人行為においたてているのである。」（一七一頁）

これは少々大袈裟だと感じる人もいると思う。大多数の善良な国民は、「人を殺す」などゆめゆめ思ったこともなく、とにかく平穏な生活を望んでいる。しかし、胸に手を当てて自分の内面をよく観察してみれば、「あいつだけには負けたくない」「あいつさえいなければ」「あいつだけは許せない」という同胞が一人や二人はいるのではないか。われわれは、文化的に矯正されているから、なるほど実力行使に出る者は少ない。けれども、時実が引用している次の文章（一七二―一七三頁）は、示唆的である。

『人間のまなざしが、相手を殺すことができるならば、街という街は、死骸でいっぱいになるだろう』。

本能を充足させるために集合・共生しか生きる道のない人間、必然的に間柄関係を結ばざるをえない人間が、一方で競争意識から他者存在を否定する傾向性を避けがたい、という矛盾。それをどのよ

図１　刑事政策と公権力

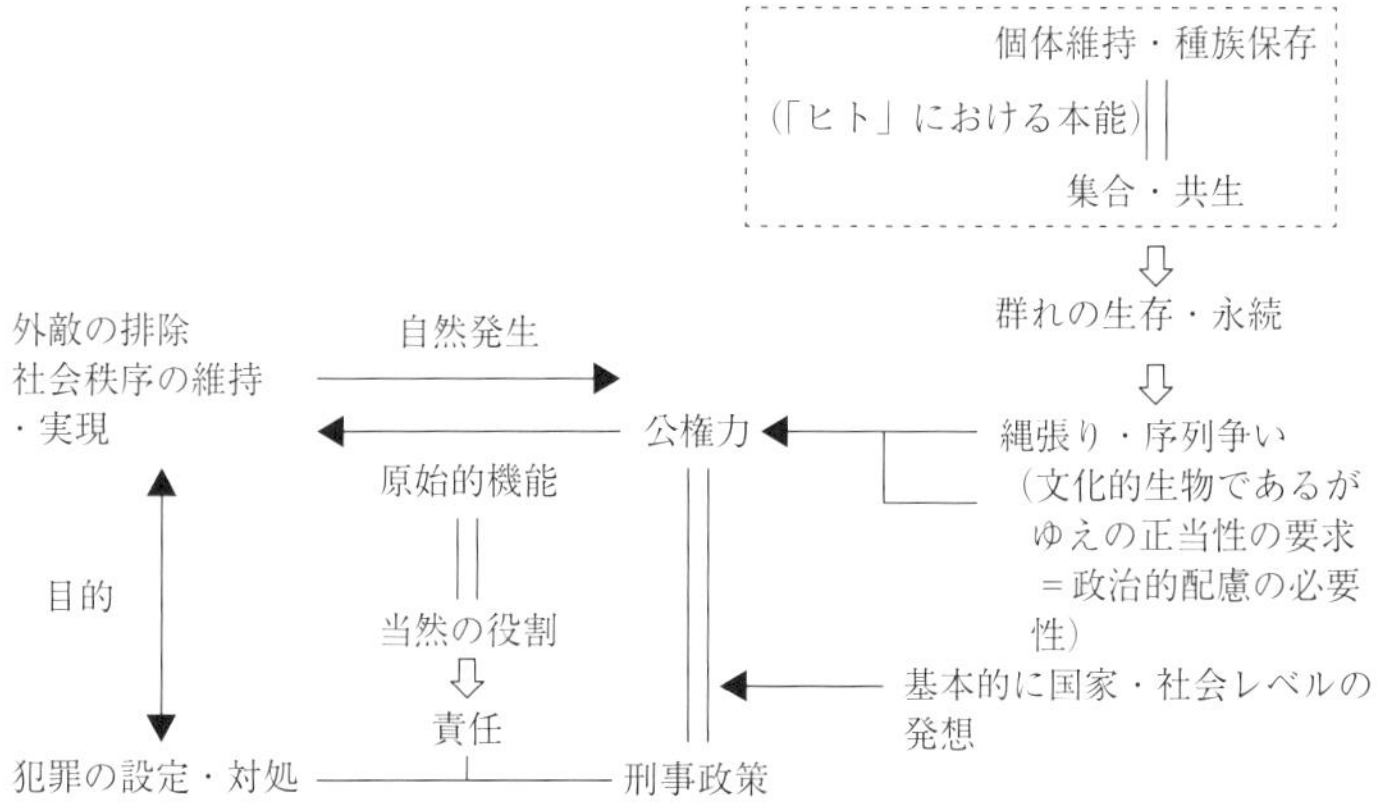


著者作成

うに解決するのか。犯罪の原型がここにあるだけに、これを見据えた取り組みが期待されるのである。

上記のような社会的軋轢を解決するための政策は、何も刑事政策だけではない。競争に敗れた者を救済するための社会保障政策や雇用政策、競争意識を満足させるためとくに少年に向けられたスポーツ振興政策でもよい。

しかし、その軋轢が、他者の生活利益を侵害し、あるいは公権力の拠ってたつ基盤（たとえば、現行の憲法秩序）を揺るがせにするような場合には、もはや非暴力的な政策に頼ることはできない。公権力は、その持ち前の最終兵器（暴力）を駆使して、その鎮圧にあたる。ただし、文化的生物[*]である人の世界では、赤裸々な暴力は忌避されることから（一九世紀までは、あまり意識されなかったようであるが）、それが文化的装いをこらした形で行われるに過ぎない。

＊「文化的生物」ということについては、少し説明が

必要であろう。

人は、「意味」に反応する生物である。われわれの身の回りにあり認識の対象になっている社会的事物（人・物・行為・制度など）は、基体（存在それ自体）とそれに対する意味付けという二重構造をとっている。たとえば、同じように「人の命を奪う」（基体）という行為でも、それは殺人（罪）の場合も正当防衛の場合も死刑の執行の場合もある。人は、それぞれの場面で、「違法に」・「合法的に」・「法的な職務として」という意味付けをおこなって「人の命を奪う」行為を認識している。

同様に、「人から移動の自由を奪う」という行為でも、監禁（罪）、刑の執行としての「拘禁」、しつけ（私は小さい頃、小学校の職員室や自宅の玄関によく立たされた）という認識がありうる。

刑法学の行為論で「行為とは、社会的に意味のある意思に基づく身体の動静である」という社会的行為論を採る論者は、意識的にしろ暗黙にしろ、このような社会的事物の二重構造を認めていることになる。

ところで、人にとっての価値には事実的側面と意味的側面とがある。事実的側面とは、他の動物にとっても価値である物質的な利・害・得・失や快・不快をいう。意味的側面とは、真・偽・善・悪・美・醜をいう。真理を探求するところに学問が生まれ、善を追求するところに宗教や道徳が生まれ、美を追求するところに芸術が生まれる。この意味的側面は、人における独特の営みであり、これぞまさに「文化」である。

余談であるが、応報的正義というとき、人はすぐに「目には目を、歯には歯を」というタリオの法則を思い起こす。しかし、実際には、正義の実現と言っても「人を殺したら命を奪い」「人を監禁したら同じ時間自由を奪い」「金を取ったら同額を取り上げる」という単純なタリオの法則が採用されているわけではないし、それによって正義感が満たされるわけでもない。応報的正義は、時代によっても異なる。江戸時代には、「十両盗んだら斬首」が正義の要求だったかもしれないが、現代人はそれを絶妙のバランスだとは受け取らない。罪の重さに「ふさわしい」罰として何を選ぶかは、「ふさわしさ」に対するある種の美意識に左右される。したがって、「正義」もその時代時代における「文化」だと言ってよい。

## 三　刑事政策とはどのような活動か

「刑事政策」とは、社会秩序の維持・実現を目的として、国家的見地から犯罪対策のあり方を工夫する活動である。これが定義である。

なお、刑事政策（Kriminalpolitik）ということばは、一八〇〇年頃、近代刑法学の父アンセルム・フォン・フォイエルバッハが、刑事立法政策の意味で用いたとされているが、英米で Criminal Policy が現在のような意味で使われるようになったのは、それほど古い話ではない。この語は、犯罪をうまく遂行する方法を意味していた。

さて、社会秩序の維持・実現については、ここで再び詳しく論じる必要はないだろう。「治安」ということばがあるが、それは、人々が身の危険や財産への侵害の危険を感じることなく生活できる、という意味である。しかし、それだけではなく、ここでは経済生活の安定も要求される。なぜなら、公権力は、暴力を抑えるだけではなく、個体維持（主に「食」）と種族保存（「性」）の本能を充足させるべく発生してきたものだからである。これらの責務を果たすことのできない権力は、よりそれに適した「暴力」に取って代わられる危険がある。すべての政策はこの目的に奉仕する。

国家的見地については、後に「公権力の活動の特徴」の項で詳しく論じる。ここで指摘したいのは、公権力の活動は、上記の目的のために行われるのであって、個々の国民の幸福を実現するために行われるのではない、ということである。憲法には、確かに、「すべて国民は、個人として尊重される。生命、自由及び幸福追求に対する国民の権利については、公共の福祉に反しない限り、立法その他の国政の上で、最大の尊重を必要とする。」（一三条）と書いてはあるが、公権力の関心事は、「秩序の維持」すなわち自らの統治の安定である。そのためには、多少の犠牲者が出るのはやむを得ない。

かつて中国の指導者は、中国には一三億人以上の国民がいるから、中国共産党の一党独裁という秩序を守るためなら、二百や三百万人の死者が出ても仕方ない、と言った。他国の指導者はここまであからさまには発言しないだろうが、胸の内は同じだと見てよい。

人類の歴史の中で、他国との戦争によって殺された人と、自国の権力者の断圧によって殺された人の数を較べてみれば、大差はないのではないかと思われるくらいである。

「犯罪対策のあり方」については、少し詳しい説明が必要であろう。「犯罪」は、社会秩序を乱すさまざまな行為の中から、公権力が、以下の基準で選択した行為である。第一に、人々のプライベイトな解決に委ねることができない、第二に、他の政策をもってしては解決できず、第三に、どうしても物理的な強制力を背景にした解決が必要である。

そのような行為、たとえば窃盗（刑法では占有の侵害）に対しては、個々人も公権力もさまざまな対策を講じる。

個々人のレベルでは、まずカギをかける。しかし、これで確実に窃盗の防止ができるとは限らない。ピッキング、サムターンなど、特に外国人グループによる「カギ破り」がメディアを賑わせたこともある。そこで番犬を飼う。留守にすることの少ない近所の高齢者に見張りを頼む（後述のように、こうした活動を「犯罪対処活動」と呼ぶ）、あるいは近所の人と協力して町内の巡回をする等々。もっと知識のある人は、最近の犯罪学の知識を用いて、塀を低くする、ということもあるだろう。こうして、被害に遇わなければ、選択した予防策を継続し、被害に遇った場合には、警察に通報することを含めて、より強力な予防策を考案する。私人でも、窃盗防止という目的で、このようなフィードバック活動（目的のために手段を選択し、その手段の効果を検証し、より良い手段を編み出す）を行っている。これが私人における窃盗防止対策である。

公権力においては、警察官による巡回活動やグループ窃盗団の内偵のほかは、事後的な対応が中心になる。被害届に基づく捜査→犯人の検挙・起訴→有罪の確定→刑務所への収容など。これを刑事司法過程という。

公権力にとっては、私人が犯罪対策をとってくれることはありがたいことである。本来、自らが行うべき責務を肩代わりしてくれているようなものだからである。窃盗について言えば、警察が検挙する数の何倍もの被害が実際にはあるということがわかっている。窃盗に含まれる行為はいろいろな類型がある。すぐ思い浮かぶのは住居侵入窃盗であろうが、その他にも、スリ・置き引き・万引き。窃盗は、行為時に被害者が気づかないケースがほとんどだから、検挙率はどうしても低くなる（二〇％を切っている）。被害者の中には、被害が少額だからとか、警察と係わりあいたくないとかの理由で、そもそも被害を申告しない者も多い。公権力は、そのような状態で人々がそれほどの不安を感じないで生活できるのであれば、その使い得る労力をもっと重大な犯罪に振り向けられる。

少し横道にそれたが、公権力は、上記のような公私の犯罪対策について、その基本方針や基本的枠組み（どこまでやってもいいか）を定め、対策の優先順位・配置を決定する。これが刑事政策である。

刑事政策も、先ほど述べた私人による犯罪対策と同様にフィードバック活動である。

たとえば、売春は、昭和三三年に売春防止法ができるまで、ある一定地域では公然と行われていた。売春防止法制定は、性的秩序の維持（性行為は愛情に基づくもので、女性の性が金銭で取引されてはならない）と暴力団の資金源を断つ、という意味が込められていた。この目的のために、同法は、売春の勧誘や斡旋、場所の提供などを処罰に値する行為として犯罪化したが、売春それ自体は禁止するだけで、違反に対する罰則を設けなかった。性行為は密室で行われる性質をもつから、これを処罰するとすれば、プライバシー侵害の問題が出てくるだけでなく、処罰の不均衡が生じるからであるという。

しかし、これで所期の目的が果たされたかというと、そうではない。性欲が満たされていない人は大勢いて、それに付け込む脱法的な（必ずしも法律違反とは言えないが、その趣旨からは逸脱している）商売も後を絶たない。

そこで、これらを規制するために、風俗営業法がいくたびとなく改正され、また、中学生や高校生のいわゆる援助交際という名の売春・売春類似行為を規制するため児童買春・児童ポルノ防止法のほか、各地の青少年保護育成条例で、いわゆる淫行を処罰する規定が設けられた。

刑事政策には、外部からの批判や提言が寄せられる。同じ目的を持って活動する民間セクターもある。それらを仮に「胎児状態の刑事政策」と呼ぶ。公権力は、自らのフィードバック活動によって得られた代替案にこれらを重ねて、目的達成のためにはどの案のどのような組み合わせが適切かを選択し、「これ」という政策を決断する。私的な提言や活動実績は、刑事政策としてはあくまで「胎児状態」なのであって、誕生させるのは公権力による「決断」なのである。この点が、刑事政策の中核をなす。

ところで、これまで「刑事」政策という用語を使ってきたが、おそらく、この呼び名は、公権力の関心事ではない。政策というものはすべて究極的には社会秩序の維持・実現へと向けられている、ということはすでに述べたとおりである。もちろん、犯罪に係わることについては、法務省の刑事局、矯正局、保護局および検察庁が、また内閣府の国家公安委員会、警察庁と各都道府県公安委員会、警察本部が担当しており、そのような行政的な区分は意識されているかもしれないし、『犯罪白書』でも「刑事政策」という語が使われている。

しかし、社会秩序の維持・実現という機能を果たす活動主体をこれらに限定する必要はないわけである。人々の身辺の無事と経済生活の安定に資するのは、むしろ厚生労働省（薬物関連では、麻薬取締官の活動は犯罪対策である）、文部科学省（教育政策、すでに述べたスポーツ振興政策）、国土交通省（交通事故の予防）であったりする。

「犯罪の設定とそれへの対処」という「窓枠」に限定して公権力の活動を見ていこうとするのは、あくまでも見る側の関心である。われわれは、そのようなものを「刑事政策」として、公権力の諸活動の中から切り取り、それを対象にして刑事政策学を考えようとする立場をとる。

## 四　刑事政策・犯罪対策・犯罪対処活動の違い

ここまで読まれた方は、すでにこの三者の違いは理解されていると思うが、ここでは少年非行対策と自由刑を例にして、再度、説明して行きたい。

## (1) 少年非行対策

わが国で、罪を犯した者を年齢によって違った方法で取り扱うようになったのは、奈良時代のことであると言われる。しかし、それはただ幼少の者を哀れんでのことであって、今日のような社会福祉的な考え方によるものではなく、幼少者のために特別な処遇方法が採られたわけでもない。当時の公権力は、この扱い方でも社会秩序の維持・実現にとって差し障りがあるとは考えなかったのであろう。

このあたりの考え方は、ヨーロッパとはだいぶ違う。そこでは、働ける年頃になった「こども」は小さな大人と見なされ、年齢に関係なく、働き、酒を飲み、恋愛もした。罪を犯せば、大人と同様に扱われた。「こども」が誕生するのは、教育制度の発達と並行してのことである。

現在は、二〇歳未満を「少年」とすることがほぼ周知されているから、年齢によって、罪を犯した者の取り扱いを異にすることに違和感をもっている人は少数派であろうが、歴史的に見れば、幾つくらいの人をどのように扱うかがまず議論の対象になり得る。

おそらく江戸時代まで、年少者に対する扱いは奈良時代からの延長線上にあった。明治一三年の旧刑法は、刑事責任年齢を一二歳以上としたが、幼年者は監獄に付設された懲治場に収容され、文字通り「懲らしめられた」。社会防衛政策（危険な犯罪者から社会を護る）が採られたのである。しかし、これは再犯の予防にはあまり役に立たなかったようである。

この間、民間では、明治一七年、池上雪江が大阪に不良少年を更生させるための感化院を創設。これを嚆矢（先駆け）に、各地に篤志家（ボランティア）による感化院や家庭学校が作られた。社会福祉的活動が民間主導で始められたのである。

これに影響を受けた政府は、明治三三年、感化法を成立させ、全国展開を図ろうとしたが、財政的裏付けが乏しかったこともあって、それほどの発展は見られなかった。

旧少年法が制定されたのは、大正一一年。一つは、第一次世界大戦終了後の少年犯罪の増加。二つは、一八九九年にアメリカのイリノイ州にできた少年裁判所法を勉強した学者らの少年法制定運動の影響である。この法律は、一八歳未満を「少年」とし、これらに対して保護処分でのぞむことにしたが、一六歳以上の者や重大な罪を犯した者は原則として除外するなど、いまだ社会防衛的色彩が強かった。

それに対し、昭和二三年制定の現行少年法は、二〇歳（昭和二六年から）で少年と成人とを区別し、原則として少年には罰を加えるのではなく、健全育成を期して性格の矯正を行うことにした。少年法は、一四歳以上を刑事責任年齢とする刑法に例外をもたらすことになったのである。つまり、公権力は、年齢による取り扱いの区分をして、二〇歳未満には、社会防衛政策と社会福祉政策の中間的な少年法という犯罪対策を刑法という犯罪対策に優先させ、その基本方針を定めた。これは刑事政策的決断にほかならない。

少年法は、一連の犯罪対処活動のあり方を定める犯罪（非行）対策である。刑法とは異なり、少年がどのような行為をしたかではなく、どのような状態にあるのかを問題にする。状態の中には、肉体的・精神的・環境的（家庭・学校・友人など）なものが含まれる。行った行為は、それらの問題点を外部に表す指標であるにすぎない。

もちろん、少年法で審判の対象にしている行為を行っていない少年は、いくら普通の人々から「不良」と見られようと、公権力が直接に介入することはない。公権力の介入には非行事実が前提となる。そこで、なされた行為の害悪性を非難し罰を与えるのは、ある意味では簡単である。しかし、少年法は、あえて非行を犯した少年のかかえている問題、このままでは健全な（遵法的な）国民にはなれないという負の要因を調査し、それらを解決し取り除くためにはどのような援助をするのが最も適切なのかを選ぶことを第一とした。

少年司法過程は、まず非行を犯した少年の発見から始まり、調査→審判→処分決定→処分の実施へと進んで行く（図2参照）。調査は主に家庭裁判所の調査官の仕事であるが、その一環として少年鑑別所の技官による資質の鑑別が行われることもある。また、処分決定の前に、決定に役立つ資料収集の方法として「試験観察」という家裁調査官による観察を行うこともできる。これには、民間の施設・組織・個人が協力する場合もある。こうした犯罪対処活動の仕組みを少年非行対策の中心である少年法が定めている。

少年は可塑性（粘土のようにいろいろな形に作り変えられる性質）に富んでいる、と言われる。非行は少年期の一つのエピソードで、言わば「若気の至り」という側面をもっている。少し道から外れても、手当をしてやれば元にもどる。一方で、犯罪者に対する世間の目は厳しい。一度重大な罪を犯し

図２　非行少年に対する手続の流れ

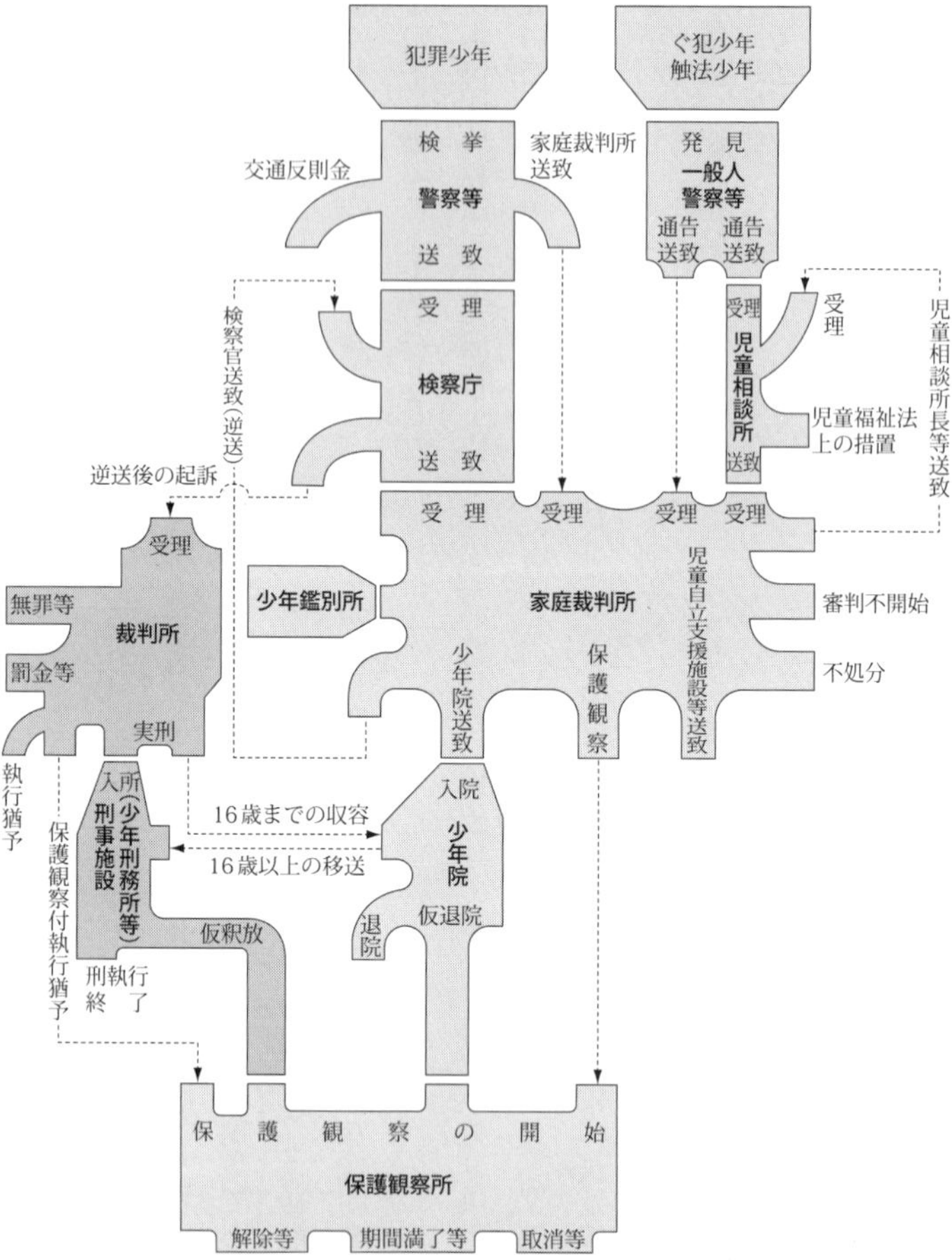


出典：犯罪白書2011　96頁非行少年に対する手続の流れより

てしまうと、なかなか許してはもらえない。したがって、少年に対する対応はできるだけ密かに行う方が、社会復帰には有利に働く。それゆえ、少年司法過程では「非公開」主義が採られてきた。

審判の非公開に例外が設けられ、被害者（遺族）が傍聴できるようになったのは平成二〇年であるし、大阪高裁が例外の存在を示唆するまで、少年法六一条や少年警察規則、犯罪捜査規範によって、二〇歳未満の非行少年に関する情報の開示は一切禁止されていた。非行少年の氏名や顔写真がテレビでも紙面でも掲載されないのはこのためである。

しかし、こうした対応は、被害者には納得できない。当然、たとえば息子が傷害致死でなぶり殺しのような目に遭った両親は、どんな奴がどんな理由で殺したのか、書類上だけで知るのではなく、直接問いかけたい。また、一般国民の中にも、たとえ少年院に収容されたとしても短期間で釈放され、社会でのうのうと暮らしてゆけるシステムは、少年に甘すぎる、という不満がくすぶっている。

少年の中には、名前が出ない、顔が出ない、罰――公権力の方でいくら健全育成を目指した処遇という位置付けをしていても、少年は不利益と感じている――も軽い、ということで、大人をなめきっているやからがいる。

被害者尊重、厳罰化という流れは、このような背景から生まれてきたのである。

しかし、少年司法過程では、調査が行われただけでそもそも審判さえ開始されない少年が半数を超え、審判で不処分決定された者を合わせれば、その数は約三分の二以上にのぼる。保護処分（少年法二四条で定められた①保護観察、②児童自立支援施設または児童養護施設送致、③少年院送致）の中で最も厳しい③は、二・五％（実数にして約四千人）を占めるに過ぎない。また、一四歳以上の少年に適用され、大人と同様の刑事裁判に付される検察官送致は、これより少し多く四％であるが、その中には、道路交通法違反で罰金刑を科すためにだけ送致される者も含まれる。

検察官送致年齢の引き下げ、少年院収容年齢の引き下げなど、一般に厳罰化とされている法改正は行われたが、運用を見る限り、それは表面上の変化に過ぎず、依然として、公権力は、健全育成を期して性格の矯正を行う、という少年非行対策の大方針を維持しているのである。

なお、少年司法過程の中には、少年に交通非行・薬物非行を犯したものが多く、また、組織暴力団との係わりを持っている者もいることから、交通犯罪対策、薬物犯罪対策、組織暴力団対策が組み込まれている。

### (2) 自由刑の基本方針

わが国には、死刑、懲役、禁錮、罰金、拘留そして科料という六つの主刑（独立で言い渡すことができる刑）と没収という付加刑（主刑にプラスされる刑）がある。その中で、懲役・禁錮・拘留を自由刑という。ここでの問題は、この自由刑が刑罰の中でどのような位置付けを与えられているのか、ということである。

現在の自由刑は、拘禁刑という形をとっている。すなわち、自由のうちまず「移動の自由」（塀の外に出られないというだけではなく、所内でも）が奪われる。それに加えて、一定の場所（刑務所）で多数人が共同生活しなければならないことから必然的に奪われる自由がある。事実上、日課はすべて刑務所当局によって管理されている。一般社会の人々でも全く自由というわけではないが、刑務所では、就業時間ばかりでなく、起床・就寝・食事・テレビ視聴の時間、食事の内容まで、原則として自己決定の余地はない。

後に詳しく述べるが、自由刑が拘禁刑という形で執行されるようになったのは、一六世紀の後半からである。拘禁刑はお金がかかるから、重商主義が発達したアムステルダムに最初の懲治場ができたのは不思議ではない。初期のマニファクチャーが導入されて、勤労意欲の喚起（呼び起こすこと）が目的とされた。勤勉さが人を改善させると考えられたからである。

わが国で、一七九〇年に始められ、自由刑の萌芽（きざし）と言われている石川島人足寄場でも、労働による改善が図られた。労働を含めて、規則正しい生活を送らせるのが、犯罪者の改善に役立つと考えられた時代があったということである。

死刑や身体刑が消滅に向かいつつある中で、拘禁刑は刑罰の中心になってきたが、こと犯罪者の改善・更生・社会復帰という目的に、拘禁刑はよく応えることができるのか、ということについては、すでに二〇世紀初頭から疑問が投げかけられていた。いわゆる「監獄破産論」である。

これは監獄改良運動の中で、むしろ「改良」として進められて来たことであるが、拘禁施設は、自己決定権がほとんどないばかりではなく、単一の性（男女分離）、単一の服装、通貨を用いないなど、一般社会とは違う「異常」社会になっている。そのような社会で一般社会に適応できる人を養成することができるのか。

それればかりではない。自由な一般社会と違う拘禁施設では、中にいるだけで（特に新入者は）拘禁反応をおこす。ストレスで精神分裂病の症状を示したり鬱状態に陥ったり、強制された共同生活に慣れて羞恥心を失ったり。また、当然のことながら、それほど生産性の高い労働に従事するわけではないから、経済的にもレベルが落ちる。すなわち、拘禁刑としての自由刑は、自由以外の生活利益も奪うことになる。いわゆる「自由刑純化の思想」はこの点に異議を唱える。

もっとも、「自由」刑は、大陸法系（フランスやドイツなどヨーロッパ大陸の国々の法律体系。わが国もこの部類に入る）の発想であって、英米では、imprisonment や custody であるから、「自由刑純化」という発想そのものがない。

さて、こうした中で、公権力は、拘禁刑にどのような意味付けをしてきたのだろうか。

上記のような欠陥や異議にもかかわらず、第二次世界大戦後も、各国は、労働だけではなく、心理学・社会学・医学などの人間行動科学を駆使して（知識・成果などを思いのままに使う）受刑者（刑の執行のため刑務所に収容されている人々）に働きかけ、一般社会への適応能力の養成に努めた（rehabilitation model、medical model）。これに最も財政的な投資をしたのがアメリカである。

ところが、これはうまくいかなかったようである。アメリカの納税者は、自分たちが払った税金が、成果の上がらない施策に投ぜられるのを納得しない。善良な市民の関心は、危険な犯罪者からの被害を受けないようにすることにほかならない。そこでアメリカの行刑当局は、一九七〇年代になると、もちろんすべてではないが、これらの施策を縮小して、最も解りやすい「犯罪の重大性に応じた量と質の刑罰」（justice model）へと舵を切ったのである。これには、イギリス（just desert）やオーストラリアが追随した。

刑務所は、自由を奪う（どの自由をどの程度奪うかは、受刑者ごとに異なる＝段階的処遇）という害悪を強制するだけで、矯正（改善・更生のための）プログラムへの参加は受刑者の意思に任せる。拘禁刑の意味付けの無害化（経費の問題は別にして、少なくとも拘禁期間は、一般社会で罪を犯させない）へのシフトチェンジである。

そのような世界的な傾向の中で、わが国は、平成一七年に制定された「刑事収容施設及び被収容者等の処遇に関する法律」の中に、受刑者処遇の原則を掲げ、次のように規定した。「受刑者の処遇は、その者の資質及び環境に応じ、その自覚に訴え、改善更生の意欲の喚起及び社会生活に適応する能力の育成を図ることを旨として行うものとする。」（三〇条）と。中でも、薬物中毒者、組織暴力団組員、性犯罪者などには、特別な指導が行われるようになっている（一〇三条二項）。

受刑者の改善・更生へ向けられた処遇は、明治時代以来、わが国の自由刑運用の基本方針になっていたと見てよい。なるほど明治四一年制定の監獄法は、施設秩序維持法的な体裁を採っていたが、その中でも、明治一四年に真宗大谷派によって始められていた宗教教誨（二九条、宗教による被収容者の善導）は、一時期「矯正教化の神髄」とまで言われた。第二次世界大戦後、憲法の信教の自由との関係で、宗教教誨は強制できなくなったが、現在でも、多くの教誨師が被収容者の希望に基づき、宗教的な指導や心情の安定のために、刑務所に赴いている。

こうした基本方針によるのか、わが国の刑務官は、一般に、単なる「看守」ではない。受刑者との間に「おやじさん」と呼ばれるような疑似家族的な間柄関係が作られ、人間的な感化に努めているように見える。

懲役を中心にした自由刑は、刑罰という犯罪対策の中心に位置付けられている。確かに、適用数は罰金が全体の約九〇パーセントを占めていて一番多いが、それは、比較的軽微な犯罪（たとえば道路交通法違反）に対する簡便な処理のためであり、刑法犯（刑法典に定められている犯罪）の大部分に対する法律効果（法定刑）は懲役である。

利欲犯（物欲に基づく犯罪）の中心であり、刑法犯の中でも自動車運転過失致死傷罪に次いで検挙件数の多い窃盗罪でさえ、平成一八年に万引き対策として罰金刑が加えられるまで、法定刑は懲役だけであった。強盗・詐欺・恐喝・横領という利欲犯には、従来通り懲役だけが法定刑として規定されているに過ぎない。

すでにお解りのとおり、自由刑という犯罪対策を刑罰全体の中にどのように位置付けるか、この犯罪対策の基本方針をどのように規定するかは、犯罪対策のあり方を工夫する「刑事政策」の問題である。自由刑執行の中で個々に行われる処遇は、「犯罪対処活動」ということになる。

刑事政策は、前に述べたとおりフィードバック活動であるから、このように枠組みを与え、基本方針を定めて、まさに実践されている自由刑が、社会秩序の維持・実現という所期の目的に照らしてうまく運用されているのか検証することになる。

統計を見ると、自由刑に処せられた者の五五パーセント程度が何らかの罪を犯して刑務所に戻ってくる。特に、窃盗、詐欺、覚醒剤取締法違反には累犯（二度以上罪を繰り返す者）が多い。筆者の知っているところでは、少額の窃盗や無銭飲食（詐欺）を繰り返し、二八回も刑務所を出入りした者もいる。このような人々に対して、果たして自由刑はその役割を果たしているのだろうか。アメリカでは、薬物犯罪者に対しては、処罰に代えて裁判所の監視の下で参加する民間の治療プログラムを始めている（ドラッグ・コート）。

近年は、受刑者の高齢化も目立ち、通常の労働に耐えられない者、一般社会に出ても老齢を理由に、就職をして自ら生計を立てることができず、結局、罪を犯して刑務所に戻るしか生きる道のない、むしろ刑務所を終のすみかと考えているような者もいる。法務省も、協力雇用主に呼びかけ、就職支援を考えているようであるが、刑事政策としては限界がある。広島刑務所尾道支部などは、まるで特別養護老人ホームを思わせる。そもそも公務員として雇えない者を民間に押し付けようとすること自体に批判があってもおかしくはない。ここはもうすでに社会福祉政策の領域である。

無期懲役受刑者の処遇にも、果たして自由刑の基本方針が貫かれているのか疑問がある。無期刑は、一〇年を経過すると、仮釈放の形式的要件は満たす。終身刑（生涯刑務所から出られない）と違うのは、社会復帰の希望があるという点である。受刑者は改善・更生へのモチベーションを保てる。

昭和五〇年代まで、無期受刑者の平均在所期間（仮釈放までの期間）は一六、七年であった。ところが、社会の厳罰化要求や被害者の処罰感情を考慮して、平成二〇年代に入ると、平均在所期間は三〇年を超え、結局、仮釈放されることなく刑務所で生涯を閉じる者の数が年間数十人に上るようになった。相対的に死刑と無期刑の差が縮まってきたのである。実質的に、無期受刑者の扱いは、無害化という意味合いを濃くしてきた（基本方針の変更）。

# 第二章　刑事政策の方法

## 一　現代刑事政策の方針（指導理念）

刑事政策の指導理念は、その国が置かれた歴史的・社会的発展段階によって異なる。

一八世紀に啓蒙思想（一言で説明するのは難しいが、伝統や権威という旧弊を打破し、理性を中心とする人間の能力に信頼する考え方）が登場してヒューマニズムが開花し、峻厳な（非常に厳しい）刑罰に対する疑問がわき、一九世紀に犯罪学が本格的に実証主義（犯罪の原因を経験科学的に見出そうとする考え方）の時代に突入するまで、一部で労働による犯罪者の改善が試みられていた（犯罪原因は怠惰であるという）時代はあったが、犯罪対策の中心は死刑であった。

死刑中心の時代には、犯罪者の改善・更生のためにどのような方策をとるのが適当であるか（特別予防）考える必要がなかった。人々への犯罪予防策（一般予防）も、公開処刑による脅しが最も効果的であると考えられていた。犯罪者を殺してしまう死刑の特別予防効果は確実であるが、それでも犯罪が一向に減らなかったのは、公開処刑の脅しが一般人に対してはあまり有効ではなかったことを示している。

啓蒙思想と実証主義は、公権力に、刑事政策の根本的な変革を迫ったと言ってよい。

刑事政策（Kriminalpolitik）という用語が、一八〇〇年頃、ドイツ人のフォイエルバッハによって刑事立法政策の意味で使われるようになったことはすでに述べたが、その時代が、ちょうどこの変革期に重なったために、「刑事政策」と言えば、科学的で人道的なものだという観念が広がっている。

しかし、科学主義も人道主義も、後に述べる法律主義や国際主義も、当然に刑事政策の指導理念になるわけではない。非科学的で非人道的な刑事政策も「刑事政策」でありえる。そのことを頭においてもらったうえで、以下に、現在の指導理念を説明していきたいと思う。

## (1) 科学主義とは何か

「科学」とは、主として近代西欧に起源をもつ自然に関する学問的知識の体系である。広義では学問と同義である。日本では、明治時代になって science の訳語として用いられるようになった。もっとも、自然に関する学問的知識なら、アラブ世界の方が先行していて、十字軍でアラブ世界に遠征した欧州人がびっくりしたほどだと言われている。その後、アラブ世界でこれがどのような発展を遂げたのか、日本とアラブ世界の接触がほとんどなかったために、日本人には、「科学」と言えば一七世紀以来細々とではあるが交流のあった西欧近代科学を指すようになったのだと思われる。

「科学」の一番大切なところは検証可能性である。特に自然科学は、繰り返し実験することによって、誰がやっても一定の原因からは一定の結果が生じるという法則性（数式化可能性）を発見することが重要視される（経験科学）。

チェザーレ・ロンブローゾ（イタリアの精神医学・法医学者）が犯罪人類学の創始者として今日まで犯罪学の歴史の中で欠かせない存在になっているのは、彼が、数千にも及ぶ兵士（非犯罪者）と受刑者（犯罪者）の頭蓋骨や体型を比較研究して、初めて実証的（事実を根拠にして証明すること）に犯罪原因を明らかにしようとした点にある（生来性犯罪者説）。

ロンブローゾとてすべての犯罪者が生来性犯罪人としたわけではないが、その原因を遺伝的なものに求めるとすると、原因を除去あるいは変更して結果を変える、つまり犯罪を防止することはできない。彼の弟子のエンリコ・フェリーが人類学的原因に社会的原因（教育・経済的事情等）や物理的原因（風土・気候等）を加えて三元的に原因を把握しようとしたのは、そのためであると思われる。

刑事政策の指導理念としての「科学主義」は、すべての事象を科学的（原因と結果の法則性）に説明できるとする世界観としての「科学万能主義」とは異なる。

犯罪者は人である。人は、個体として、生物学や生理学の客体であり、その生命体としての存在については、かなりの程度に解明が進んでいる。しかし、人はそれだけの存在ではない。人は、集合・共生し、生きて行くために生産活動をする。つまり、政治学・社会学や経済学の対象になる。また、おそらく人だけが他の生物とは異なり、自らの生きている意味を探求し、死後の世界に思いを馳せる。哲学や宗教学が発生するゆえんである。後者、すなわち社会科学や人文科学は、生命体としてではなく、生活者・思索者としての人の側面であるが、こちらは、自然科学的方法論では解明が困難な面である。大谷實は、「ミクロ的研究は、生物学、心理学、精神医学などの経験科学の方法による犯罪者の人格・素質面に関する研究であり、そこから導かれたここの犯罪者の犯行原因から、犯罪者処遇の方法を科学的に開発し、個別的な犯罪防止策が選択されるであろう。」（『刑事政策講義第四版』一六頁）と述べており、これに類する叙述は他の多くの教科書に見られる。

しかし、人間科学の水準は、このような楽観的なものではない。かつて平野龍一が刑罰の機能について述べたとおり、「この点についてのわれわれの知識はまだ乏しい。いわゆる特別予防については、現在のやり方がいかに効果がないかということについての知識はいくらか集積されているが、いわゆる一般予防にいたっては、まだ『ロンブローゾ以前の状態』にしかないのである。」（『矯正保護法』六頁）『矯正保護法』が書かれてからは随分時間が経過しているが、この引用文の内容は決して古くはない。

生理学・生物学的に犯罪者の再犯を防止する方法がないことはない。暴力的傾向の強い犯罪者にはロボトミー手術をすればよいし、性犯罪者に対しては、睾丸摘出手術をしたり、性欲を減退させる薬物を飲ませればよい。これらは、かなり有効な犯罪予防策になるはずであるが、積極的に推進している国はほとんどない。たいがいの矯正プログラムは、犯罪者の身体に訴えるのではなく、心に訴えるように（カウンセリング）構成されている。薬物事犯対策でも性犯罪対策でも、しかし、薬物犯罪や性犯罪は、軽い財産犯とならんで再犯の目立つ犯罪である。治療プログラムは、まだ緒に就いたばかりだから、今後どのような成果が現れるか解らないが、今のところ、アメリカでも我が国でも、心に訴える治療が目覚ましい成果に結び付いたという報告は寡聞にして聞かない。

それでは、刑事政策における科学主義は、どのようなところで発揮されることになるのであろうか。一九世紀後半以降、犯罪学は、「犯罪者」中心に研究が行なわれて来た。しかし、二〇世紀中頃以降、「犯罪は行為者と被害者の共同作品」との認識から「被害者」にも目が向けられるようになり、犯罪成立における被害者の有責性（たとえば、性犯罪における被害者の落ち度、被害者特性）などが論じられた。また、少年を中心に法執行機関の対応が「非行」少年というレッテルをはり、それが次なる非行へと結び付くというラベリング論も唱えられるようになった。

つまり、犯罪学の歴史は、科学の光を当てるべき対象は、行為者だけではなく、被害者も法執行機関も、その行動を科学的に分析すべきことを明らかにしてきたのである。

被害者については、「共同作品の当事者」としての研究はあまり発展が見られず、焦点は、刑事司法制度における地位の向上や経済的・精神的救済に移ってしまった。もちろん、これも公権力の原始的機能を果たすために必要な措置と考えられてのことであろう。

今日、上記のような状況の中で、公権力にとって最も重要なことは、自らの政策・対策の科学的検証であろう。大谷實は、前に引用した部分に続けて、「科学的な研究の対象は、犯罪原因に基づく防犯対策にとどまらないことに留意すべきである。犯罪統制の各機関すなわち警察・検察・裁判ならびに矯正および保護の機関のあり方、さらにそれぞれの機関が、犯罪を抑止するために適切な活動をしているかどうかに関して、科学的に分析する研究が必要となる。」（一六頁）と述べている。これは「政策科学」の提言である。公権力は、自らが基本方針を与えて誕生させた政策が、社会秩序の維持・実現という目的に照らしてどのように機能しているのか、順機能を営んでいるのか、変化をもたらさなかったのか、それとも逆機能を営むことになってしまったのかを、統計学的な手法を用いて検証する必要がある。

注意しなければならないのは、この科学的検証作業は公権力の役割だという点である。検証内容には、もちろん私人（機関）の活動も含まれる。繰り返し指摘するが、その役割とは、公私の犯罪対策の基本方針、その優先順位、組み合わせ、配置などが適切であったかどうかを公権力の責任において検証することである。そこに是正点が発見されれば、よりよい手段・方法を採用する。このフィードバック作業は、まさに、国家的資源を活用して大量観察のできる公権力の仕事である。私人がその任に就く必要はないのである。

犯罪捜査に関して、近年の科学技術の進展には目覚ましいものがある。科学警察研究所をはじめ各都道府県には犯罪捜査研究所があり、捜査技術の開発・改良に勤しんでいる。警察での鑑識・鑑定が犯人の検挙や有罪立証のための証拠の収集に利用されていることはよく知られている。

## （2）人道主義とは何か

「人道主義」の語は、残念ながら『岩波　哲学・思想事典』には載っていない。日本人は、人道主義とヒューマニズムを区別しないが、ヒューマニズムは「人文主義」と訳され、同事典にも詳しい説明がある。確かに、ヒューマニズムのある側面は「人道主義」と訳しても間違いではない。「人道主義」には、『日本語大辞典』で humanitarianism の語が当てられているが、こちらはむしろ「博愛主義」を表し、明治時代に「人道主義」という訳語が与えられたのは、humanism の方だったのではないかと推察される。

務台理作は『現代のヒューマニズム』（岩波新書）の中で、「このようにヒューマニズムにはいろいろの形があるが、これに共通するものは、人間の生命、人間の価値、人間の教養、人間の創造力を尊重し、これを守り、いっそう豊かなものに高めようとする精神でしょう。したがってこれを不当に踏みにじるもの、これを抑圧し破滅させるものにたいしてつよい義憤を感じ、これとのたたかいを辞しない精神です。これは人間存在の正義感、平等感、幸福感と結び付いているものです。」（四―五頁）と述べている。

この中にも、一般の人が、いや学者までが、定義もせずに無意識に使っている「人道主義」の語感に近いものが含まれている。『岩波国語辞典』には、「すべての人間に平等の人格を認め、人類全体の幸福の実現を理想とする主義」と書かれている。

さて、われわれはこれをどのように捉えたらいいだろうか。なぜ、humanism あるいは humanitarianismに「人道」主義という訳語が与えられたのか、よく考えてみよう。「人道」とは、人の道である。間柄関係にある「人」、すなわち人間には、対他関係として守るべき「道」がある。それは、一方では、人間を個人として尊重すること、その基本的人権を保護することであろう（消極的側面）。そして、他方では、人間を「人格の主体」として扱うこと（積極的側面）。「人格の主体」とは何かと言えば、それは倫理的主体である。人は、欲望と規範（命令や禁止）の間を行きつ戻りつしながら人格を形成していく。すなわち、欲望に誘惑されてそれを満たそうと行動するが、これではいけない、という規範に引き戻される。このようなことを繰り返しながら、最終的に、孔子のように「己の赴くままに行動しても則を超えない」という境地に入ったときに、人格は完成する。

そのような倫理的主体である人間は、自らの行為について責任を取ることを要請される。むしろ、その者に立ち向かう他者は、本人が責任をとれるような環境を作ってやることが倫理的要請である。もしある論者が言うように、殺人という非人道的な罪を犯した者は、反省していることをもって寛大な処罰を要求するのではなく、自らの死をもって償うのが本当の意味での責任の取り方であり、反省であるとするなら、死刑は、実は「自殺幇助」であり、人道的な制度だということになる。

もちろん、この考え方は受け入れられない、という人は多いであろう。しかし、注意しなければならないのは、犯罪者を寛大に扱うことだけが「人道主義」ではない、ということである。人間を人間らしく扱う、ということがどういう意味であるのか、よく考える必要がある。

消極的側面についてはあまり説明を必要としないかもしれない。犯罪を防止し抑圧する公権力の活動は、物理的強制力（暴力）を背景にして行われるから、それは必然的に対象者の基本的人権を蹂躙する（踏みにじる）性格をもつ。刑罰の執行を例にしてみよう。死刑は生命を奪い、懲役・禁錮・拘留は自由を奪い、罰金・科料は金銭を奪う。

この観点から、そこで必要なことは、それぞれの法益剥奪の純化である。刑罰の謙抑性と言ってもよい。死刑は生命を奪うことだけに意味があるのであり、付加的な苦痛や辱めを与えるものであってはならない。憲法三六条の規定するとおり、残虐な執行方法は禁止される（現在の絞首刑が残虐かどうかについては議論のあるところであるが、「死刑」の項で詳しく述べる）。

自由刑についてはすでに述べたが、拘禁すなわち移動の自由とそれに伴う最小限の自己決定権の剥奪のみが許されるはずである。ただし、実際にそうなっていないことについても前述のとおり。

金銭刑は比較的純化しやすい。罰金も科料も経済的不利益だけで、他の人権の縮小に余波が及ぶことは少ない。

これらと関連して、特に重要なことは、名誉心の尊重である。詳しくは「名誉刑」の項で述べるが、人が「人間」として生きて行くうえで最も重要なのは名誉である。名誉のためには死を選ぶということさえある。人間を個人として尊重するということは、まずもって名誉心を守るということである。

積極的側面について、死刑についてはすでに触れた。内乱罪や放火罪のように、人を殺さなくても法定刑として死刑を規定している罪もあるが、今日、死刑を宣告されるのは、殺人や強盗殺人のように、実際に人の命を奪った場合に限られる。倫理的主体としての人間に求められるのは贖罪である。人の命を奪った者の贖罪は、命をもって償うこと、これ以外に方法はない、という考え方もある。一生をかけて償うなどというのは欺瞞であり、被害者遺族が許すと許さないとにかかわらず、許すと言ってくれたならばなおさら自ら死を選ぶ必要があるというのである。

拘禁刑の場合、贖罪は、「責任感と自律心」を基礎に行われる。「主体的受刑」の問題である。すなわち、自ら犯した罪について罪悪感をもち、自ら置かれた不自由な状態がその罪の償いであることを自覚し、将来過ちがないように自らの行動を律して行くことである。刑の執行者は、刑務所がこの「主体的受刑」の場にふさわしいように構成する。これが「人道的」処遇ということになる。

金銭刑は、支払えない場合の措置としての労役場留置（原則として懲役受刑者と同じように処遇される）において、「主体的受刑」が適用されようが、一般には、払ってしまえば、それが嫌々であろうと主体的であろうと、刑の執行は終了するので、観念的にはともかく実際には、贖罪の場の設定はむずかしい。

これまで刑の執行の場面を例にして、人道主義の二つの側面を説明してきたが、公権力による犯罪対処活動は、強力な物理的強制力（暴力）を背景に行われるものだから、警察や検察による捜査活動や被疑者（マスメディアでは「容疑者」）の扱いにも、人道主義から見て疑問とせざるを得ない場面が出てくる。

我が国の裁判所が捜索差押令状や逮捕令状を比較的安易に出すことは、よく知られているとおりである。実際に経験した人は少ないと思うが、マスメディアを通して見ていると、捜索に入った警察あるいは検察は、証拠物とおぼしき物は根こそぎ押収していく。何十もの段ボール箱が運び出されるのを見たことがある人は、たくさんいることであろう。

また、経験した者の手記などによると、警察の留置場や拘置所に勾留されるにあたっては、厳密な身体検査がほどこされ、尻の穴の中まで見られるという。まさに羞恥心はずたずたにされ、国家権力の恐ろしさが痛感される場面である。否むしろ、公権力がその恐ろしさ（刃向かったらこうなるぞということ）を見せつける場面かもしれない。

もちろん、公権力からすれば、このようなことも必要だから行っている、ということであろう。証拠の収集、自殺の防止、薬物の発見等々。しかし、次項で述べるように、現在とられている方法が、手段としての補充性（必要最小限度の害悪に止める）を満足させるものなのかどうか、さらに検証する必要があるだろう。

### (3) 法律主義とは何か

憲法三一条は「何人も、法律の定める手続によらなければ、その生命若しくは自由を奪はれ、又はその他の刑罰を科せられない。」と規定している。適正（法）手続（due process of law）という。

刑法では、現行憲法成立前（フランスのナポレオン刑法典を継受した明治一三年の旧刑法二条）から「罪刑法定主義」という原則がある。欧米では、一語で言い表す言葉がないため、相変わらず nullum crimen sine lege, nulla poena sine lege（法律なければ犯罪なく、法律なければ刑罰なし）を使っているようだが、その点、日本語はわかりやすい。文字通り、犯「罪」と「刑」罰は、成文の「法」律で、行為に先立ってあらかじめ明確に「定」めておかなければならない、という原則である。

この原則は、権力が勝手気ままに、自分に不都合な行為を犯罪として、勝手気ままな種類と重さの刑罰を科していた「罪刑専断主義」に対抗するものである。啓蒙思想やヒューマニズムの影響があることは間違いない。

その中で、啓蒙思想を採る前出のフォイエルバッハは、啓蒙的な（理性的なと言ってもよい）合理的人間像を前提に、心理強制説を唱えた。すなわち、人間は、快―不快によって行動を決定する。したがって、犯罪を遂行することによって得られる「快」を刑罰という「不快」が少しでも上回るようにあらかじめ法律により提示しておけば、合理的な計算をする人間は、犯罪の遂行を選択しない、と考えた（一般予防主義）。

また、ロックやルソーの社会契約論（後に詳しく説明する）に影響を受けたモンテスキューはその著『法の精神』の中で、「裁判官は法律の言葉を発言する口にすぎない」と言って、裁判官の恣意性を批判し、議会の定めた法律に優位性を認めた。三権分立（立法・行政・司法がそれぞれ違う主体によって担われて、互いに牽制し合う）思想の現れである。

このような背景で、罪刑法定主義は、刑法の確固たる原則になったわけであるが、憲法三一条は、それればかりではなく、犯罪を認定するプロセスも、刑罰を科し執行するプロセスも法律に定めなければならないとしたのである。これは主に刑事訴訟法の役割である。法律主義の背景には、国民の代表者で構成される議会に対する絶大な信頼がある。法律主義は、ただ単に「法律」であれば信頼する、ということではない。法律の制定主体や中身をも問う。いくら成文の法律でも、絶対君主の制定したものは法律主義における「法律」ではない。そして、権力だけを利するような内容の法律も「法律」ではない。

主体が国民の代表者であれば、国民の意思を代表し、その作る法律は、国民にとっては自らの意思による自らへの制約になり、公権力に対してはその権限の行使の範囲を制約する。だからこそ信頼できるのである。これぞ民主主義の礎である。

ところが実際には、法律案は、議員が作ることはまれで、ほとんど官僚が作る。議会における法律案に対する質問も、政府の答弁も、原案は官僚が作る。議員の発案による修正が施されることはめったにない。もう慣れっこになってしまって、議員も政府もそれを隠そうともしない。法律の実施は、中央官僚のさじ加減で決まる。それゆえ、地方の官僚たちは中央官庁に陳情に来るのである。本来、司法のするべき法律解釈も、「通達」という形で中央官庁が行っている。つまり、三権分立とは名ばかりで、我が国は、官僚がすべての権限を握る官僚主権国家であると言って過言ではない。残念ながら、○○チルドレンと言われるような議員には法案作成能力はないし、議員が少しでも主導権を握ろうとすると、頭のいい官僚はサボタージュに入る。自分たちに都合の悪い（既得権益を奪う）法案の作成に協力しようとする者はほとんどいない。これが現実である。システムの改革はもちろんであるが、何よりもこの官僚を使いこなせる議員を輩出できるか、国民の民度が問われているのである。

## (4) 国際主義とは何か

刑事政策の目的は社会秩序の維持・実現である。この場合の「社会」とは主権の存する独立国をさす。刑事政策は、世界の犯罪対策のあり方を工夫するわけではない。したがって、刑事政策は、基本的に、一国刑事政策である。はっきり言えば、我が国にとって、アメリカでも中国でも他国の社会秩序がどうであれ、関係ないのである。

このような考え方は、一時、日本が「一国平和主義」と非難されたことがあるように、利己主義的だという批判を受けるかもしれない。しかし、どこの国でも事情は同じである。アメリカが日米安全保障条約に基づいて日本の平和を守ってくれていると、ナイーブにも信じている人もいるかもしれないが、中国が尖閣諸島を実効支配しようとしたときに、アメリカは中国と戦争をしてでも日本の領土を守ってくれるか。答えは否であろう。

それと同じように、他国も、日本の社会秩序を守ってくれはしない。死刑の廃止を勧告する国際連合とて、日本の治安に責任をもってくれるわけではない。日本の社会秩序を維持・実現するのは、日本の公権力をおいて他にはないのである。

では、なぜ国際主義が刑事政策の基本理念になるのか。そこにはやむをえざる事情がある。いわゆるグローバリゼーションである。国境の障壁が低くなり（時間的に速く、経済的に安く、たとえばビザなし渡航や入国検査の簡便化などにより政治的に容易に越境できる）、国際犯罪が増加した。サイバー犯罪などは、始めから国境をもたない。これらは、日本の社会秩序を守るためにも放置できない。

ここで言う国際犯罪とは、①外国人が日本国内で行う犯罪、②日本人が外国で行う犯罪、③日本人が外国で被害者になった犯罪、④犯罪の行為あるいは結果が複数国にまたがる犯罪を言う。もちろん、国家間の犯罪をさすわけではない。

刑法は、第一条で「この法律は、日本国内において罪を犯したすべての者に適用する。」と規定するから、①について日本に裁判権があることは言うまでもない。ただし、行為者が国外に逃亡した場合には、相手国がその者を引き渡してくれるかどうかにかかっている。日本はアメリカと韓国としか犯罪人引渡条約を結んでいない。

②については、比較的重大な犯罪で日本の刑法が適用される（二、三条）が、日本と同様、その行為に対する第一次的な裁判権は犯罪の行われた国にあるであろう。日本には、第二次的に刑罰権があるが、行為者がすでに外国で言い渡された刑の全部または一部の執行を受け終わっていれば、その刑を免除しまたは減軽する（五条）ことになっている。

③についても、殺人・強盗・強姦などの場合には、我が国の刑法の適用があることになっているが（三条の二）、実際には、②と同様、犯罪の行われた国が第一次的な裁判権をもち、犯人が日本に引き渡されることはまずない。

④が本来の意味での国「際」犯罪と言えるだろう。典型的なのは、覚醒剤など薬物の密輸入や国外

から日本のコンピュータに不正侵入し情報を盗むなどが考えられる。行為者が国内で捕捉されれば、日本の法律を適用して処罰するであろうが、逃げた場合には、逃亡犯罪人として外国に身柄の引き渡しを要請するしかない。サイバー犯罪の場合は、捕捉の可能性は低い。

国際犯罪に対応するためには、諸外国との協力が不可欠で、国際刑事警察機構（ICPO インターポール）のほか二国間条約（犯罪人引渡条約もその一つ）が利用されているが、それぞれの国の事情やエゴがあるため、積極的な協力が行われることは少ない。日本は死刑制度が存在することを理由に、死刑廃止国とは犯罪人引渡条約を締結できていない。

ところで、刑事政策の国際化という場合、外国で行われている犯罪対策やそれを支える理論を知ることも重要である。いちいち名称はあげないが、そういう機会は、犯罪に関する各種の国際学会や国連の会議などで与えられている。もちろん、外国の犯罪学に関する著書も参考になる。日本には、政府の機関だけではなく、こういうことに関心をもっている多くの研究者がいる。

外国の犯罪対策が参考になる背景には、犯罪の普遍性の認識がある。人間が群れをなし、それにもかかわらず攻撃性をもつ、という事情は、どこの国でも一緒である。同じような悩みを抱えているわけである。

たとえば、一九七〇年代から紹介された環境犯罪学は、犯罪は一定の環境とそれが行為者に与える心理的な影響によって発生すると捉え、環境を物理的に変化させることによって犯行を防止できると考えた。この考え方は、大は都市設計から小は建物の構造まで、応用範囲を拡大し、一九九〇年代末には、日本の「安全・安心まちづくり」にも影響を与えたと言われる。

もう一つ、我が国でも採り入れられている事前抑止型の犯罪対策は、ウイルソンとケリングが主張した「割れ窓理論」によるものである。建物のガラスが割られたまま放置されると、それは住民のその地域に対する無関心の表れとみなされ、他のガラスが割られるだけではなく付近一帯の環境が悪化する。この理論を実践した前ニューヨーク市長のジュリアーニは、警察官の増員と微罪の徹底的な取締（たとえば、地下鉄車両へのいたずら書きまで摘発する）によって、ニューヨークの犯罪発生数を顕著に減少させた。

この他にも、著者の知らない例はいくらでもあるだろう。

ただ、刑事政策における国際主義と言う場合に注意しなければならないのは、言うまでもないが、欧米と日本の文化、その基礎をなす宗教、間柄関係の違いである。犯罪が人間的・社会的事象（できごと）であることは、何度となく述べてきた。人間の行動様式は、生まれ育った社会の文化によって左右される。文化が違えば、犯罪の態様も違ってくるであろうし、犯罪者の扱い方も変わってくる。

人間を本能の壊れた動物であり、本能に替わる行動基準が文化である、とする岸田秀と山本七平は、キリスト教では神との契約が行動基準となり、日本教では「人と人の間にあるもの」（＝「空気」と言ってもよい）が行動基準になると述べている（『日本人と「日本病」について』文芸春秋。拙稿「刑事司法制度における償いの思想―贖罪、改悛をめぐって―」早稲田法学会誌第三二巻参照）。

浜口恵俊は、欧米キリスト教社会の「個人主義」に対して、日本の基本的価値観を「間人主義」と名付け、その特徴を以下のように綴った。少し長いが引用する。

「『個人主義』は、①自己中心主義、②自己依拠主義、③対人関係の手段視、によって特徴づけられる。これに対し、人と人との間に位置づけて初めて〝自分〟という存在を意識する『間人』にあっては、それらと対照的な三つのポイントでとらえられる対人関係観が顕著である。すなわち次のような『間人主義』の三属性が見いだされる。

①相互依存主義―社会生活はひとりでは営めない以上、相互の扶助が人間の本態だとする理念。②相互信頼主義―自分の行動に相手もきっとうまく応えてくれるはずだ、とする互いの信頼感。③対人関係の本質視―相互信頼の上に成り立つ関係は、それ自体が値打ちあるものと見なされ、『間柄』の持続が無条件で望まれる。」（『間人主義の社会　日本』東経選書一四頁）

オーストラリア人のジョン・ブレイスウエイトも、日本を共同体主義（communitarian）の社会とし、欧米と違って、「恥」（shaming）が排除的にではなく「再統合的」＝受容的に働く、と考え、これが欧米に較べて日本で犯罪が少ない理由ではないかと述べている（拙著『情報化社会の犯罪対策論』成文堂一二二頁以下参照）。

殺人罪ひとつとっても、日本では、加害者と被害者が家族であるとか知り合いであるケースが多いのに較べて、「自らの身辺の無事は自ら守る」という伝統のもとで銃規制に腰の重いアメリカでは、両者は見知らぬ者どうしであることが多い。混乱に乗じて人の物を盗むいわゆる火事場泥棒も、日本は世界から称賛されるくらい少ない。これも、間人主義のなせる技かもしれない。

各犯罪や犯罪者にどのように対応するかも国情によって異なる。覚醒剤の運搬など薬物犯罪に対する刑罰は、我が国でも厳格になっているが、中国や東南アジアでは死刑になることさえあり、日本人でその適用を受けた者もいる。受刑者と刑務官との関係については、前に述べたとおり、欧米では敵対関係（監視者と被監視者）にあるのに対し、我が国では疑似家族関係にある。

国際主義は、ボーダーレス時代のもたらしたやむを得ない事態であって、基本は、一国刑事政策であることに変わりはない。国家の社会秩序はあくまでその国家の公権力が責任をもつのであり、責任を取らない他国の干渉を受けるべきではない。

## 二　刑事政策の評価基準

前節で、科学主義も人道主義も、法律主義や国際主義も、当然に刑事政策の指導理念になるわけではない、と述べた。

しかし、刑事政策を、公権力の思うがままに行えるという時代は、すでに終わっている。刑事政策が、社会秩序の維持・実現という公権力の原始的機能を営むうえで重要な政策であることは間違いないが、その機能は、刑事政策だけが営むわけではない。公権力は、あらゆる政策を総動員してこの機能を果たすように行動している。政策には、当然優先順位があり、どの政策にどの程度の予算（お金と人）をつぎ込むかという判断は、限られた予算の中で行う以上、合理的でなければならない。つまり、当該場面で、できるだけ少ない費用で迅速・的確・確実に最大限の効果を上げ得る方法が工夫されるはずである（手段としての合理性）。

そこで選ばれた方法が、犯罪の設定とそれに対する対処、すなわち刑事政策であっても、その点に変わりはない。社会秩序の維持・実現という目的を遂げるために最も合理的な方法が選ばれる。この合理性をバックアップするのが科学、とりわけ犯罪学の蓄えてきた知識や理論である。したがって、「刑事政策」ということばが使われだした一九世紀初頭以来の犯罪対策の在り方の工夫は、もはや科学抜きにはありえなかったわけである。

しかし、刑事政策は合理的であればそれでよいというわけにはいかない。よく用いられる例であるが、累犯対策には、対象者をすべて死刑に処するのが合理的である。死刑は自由刑に較べて費用がかからないし、特別予防対策として確実である。しかし、一八世紀後半に啓蒙思想が広がって以降、死刑の多用は人々から忌避されるだけではなく、一般予防効果ももたなくなった。犯罪対策としての死刑に疑問が投げかけられるようになったのである。このような思想的変化の背景に人道主義があったことは疑いない。つまり「人を人にふさわしく遇する」ことの必要性が唱えられるようになった（手段としての相当性）。

また、刑事政策は、最終的には物理的強制力を用いる、対象者の基本的人権に最も大きな影響を与える政策であるから、犯罪対策として同様の効果が見込まれるのであれば、その侵害の程度は必要最小限に抑えなければならない（補充性の消極的側面）。

ただし、公権力が他の政策によらず、その原始的機能を果たすために刑事政策を選んだということは、他に執るべき手段がなかったからであろうから、その場合には、合理性や相当性の面から問題があったとしても、必要性を最優先することが許されるであろう（補充性の積極的側面）。たとえば、高齢の累犯者は、刑期を終えて出所しても、また罪を犯して刑務所に戻ってくることが目に見えている。再犯をさせないためには福祉政策に任せて無料の高齢者施設に入居させるのが一番いい。しかし、罪を重ねたことを理由に、一般の高齢者でも順番待ちのそうした施設に優先的に入居できるとすれば、それは、一般人の法感情にそぐわない。したがって、福祉政策に委ねることができないという事情がある。

刑事政策において、一番陥ってはいけないのが理想主義である。胎児状態の刑事政策では、よくこれが見られる。理想は実現するのかどうかわからないが、限られた費用と「一般国民の法感情」というような制約の中で行われる刑事政策は、実現可能性がなければならない。その意味で、犯罪者の更生保護に対する国民の協力義務を定めた更生保護法の規定は疑問である。

## 三　刑事政策「学」とは何か

「刑事政策とは何か」、これはすでに第一章で説明した。その「刑事政策」を学問的対象にするのが「刑事政策学」である。学問的対象にするとはどういうことかと言うと、まずは刑事政策の実態を把握し、その活動、つまり犯罪の設定とそれへの対応が、社会秩序の維持・実現という目的に照らして有効に機能しているかどうか、すでに掲げた指導理念をどの程度実践しているかを、冷静な第三者の目で見極めることである。

刑事政策学の研究者の中には、さまざまなタイプがある。犯罪学を主な研究分野にしている人もいれば、刑事法学を主な研究分野にしている人もいる。犯罪学は、犯罪現象と犯罪原因を探求する「事実」学であり、刑事法学は主に刑法その他の法典の解釈学である場合が多い。それに対して刑事政策学は、「政策」学であり、規範の学である。つまり、目的や理念に照らして、政策の善し悪しを判断する。

刑事政策学者の中には、現在の刑事政策を批判して、より良い刑事政策を提案しようとする者もある。そういう研究者は、犯罪現象の推移を自ら調査するとか、公的な研究所が調査した犯罪統計を参考にして、犯罪原因を究明し、あるいは内外の犯罪学研究を利用して、こうした実践的活動を行う。

図３　刑事政策活動（刑事政策学の対象）

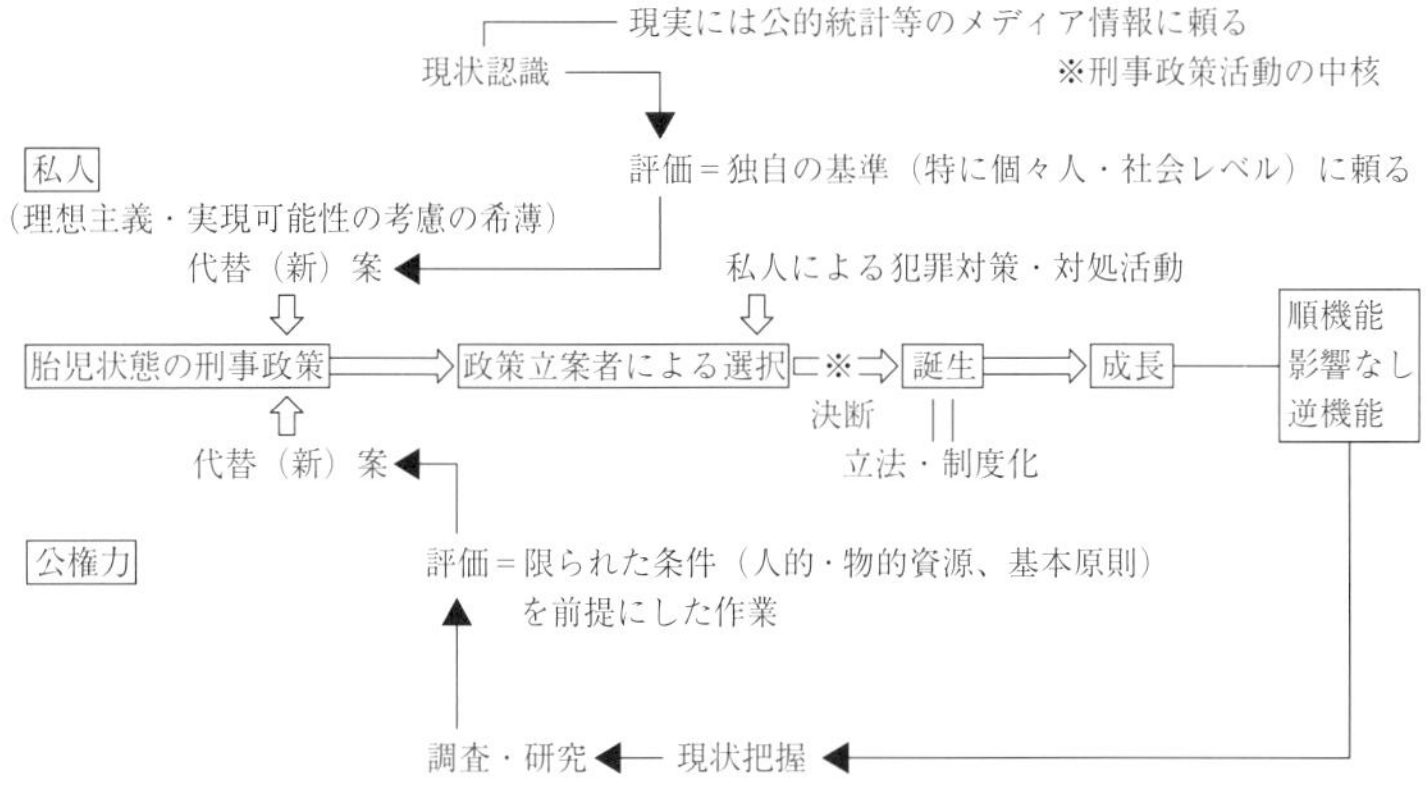


著者作成

それは別に非難されるべきことではない。その意気込みたるや称賛すべきものがあるし、実際に役に立たないわけでもない。

しかし、これは、公権力の行う作業と相似形ではないか。ただ、そこに欠けているのは、組織性・継続性であり、実現可能性の考慮である。一私人たる研究者は、いくら共同研究を行ったとしても、その調査範囲はたかが知れている。財政的な裏付けがなければ、継続的な調査もできない。理想論に走りがちである。おそらく、一私人のする提案なんて、公権力からすればすでにお見通しである。

われわれのできることは限られている。「刑事政策の実態を把握し」と書いたが、われわれが見聞できるのは、ほとんどがマスメディアを通した実態である。刑務所見学をしても、たとえ志願囚になったとしても、「実態」が解るかどうかは疑問である。しかし、法務総合研究所をはじめとする公的機関が作成している犯罪白書その他の文献から、また、日々接しているメディアの報道から、われわれは、おぼろげながらではあるが、我が国の犯罪情勢とそれに対する公私の機関の対応を読み取ることができる。

　すでに指摘したように、刑事政策という権力活動は、対象者の人権を制約する性質をもつことから、法律主義の要請によって法律化・制度化されている。現に行われている刑事政策が、法律や制度の趣旨に沿って正確に行われているのかどうかを評価することは、われわれにもできる。また、それが、刑事政策の評価基準から見て、適正であるかどうかを議論のテーブルに載せることもできそうである。こういう作業が刑事政策学が本来携わるべきものである。そのことを刑事政策原論の中でわざわざ言わなければならない、それこそが、現在の刑事政策学の水準を示しているのだと思う。

# 第三章　刑事政策の主体

これまで、われわれは、刑事政策の主体は、当然、公権力である、という前提のもとに議論を進めてきた。本章では、なぜ主体は公権力でなければならないのか、それは主体のどのような性質によるのかを、やや立ち入って考察していきたいと思う。

## 一　公権力の存在根拠と正当根拠

かつて、かの有名なジャン＝ジャック・ルソーは、『社会契約論』のなかで、「われわれは鉄の鎖に繋がれている。どうしてそのようになったのかは解らないが、どうしたらそれを容認できるかは説明できる」と述べた。前者が存在根拠の問題であり、後者が正当根拠の問題である。

存在根拠は、なぜ公権力は存在するのか、に対する解答である。これについては、第一章で仮説であることを前提に説明した。公権力の存在は、群れを成す動物である人類の必然である。

これに対して、正当根拠とは、どのような公権力だったらわれわれは容認できるか、という問に対する解答である。民主主義国家を標榜しているわれわれにとって一番おなじみの根拠は、社会契約論、とりわけジョン・ロックの社会契約論であろう。

ジョン・ロックは、国家や社会ができる前の人間は、どのような状態であったか、というところから考察を始める。つまり自然状態における自然人の姿である。ロックによれば、自然状態における人は、貧富の差もなく、階級もなく、皆平等で、しかも社会的なしきたりやルールがあったわけでもないので、自由で平穏な生活を営んでいた。ロックがこのようなユートピアみたいな状態を想定できたのは、彼の考え方の中に、財産は労働によっていくらでも増やせる、だから他人の財産を侵害してまで欲望を満足させる必要はない、ということがあったからだと言われている。しかし、このようなユートピアみたいな状態は永久に続くものではない。労働をせずに、安直に他人の財をねらう者もいるかもしれない。そこで、自由で平等な人達が社会や国家の必要性を感じ、契約を結んで、政治権力を作るようになった。

現代人、特に民法を習ったことがある人に説明するには、この契約は「委任契約」であるとするのが分かりやすい。民法六四四条は「受任者は、委任の本旨に従い、善良な管理者の注意をもって、委任事務を処理する義務を負う。」と規定し、同六五一条一項は「委任は、各当事者がいつでもその解除をすることができる。」と規定している。この場合の「受任者」とは政治権力である。「委任者」は社会を作ることに合意した人々である。「委任の本旨」とは、人々の身辺の無事と生活の安定であろう。その義務を果たせないときには、いつでも契約を解除して、別の受任者に委任することができる。つまり「革命権」を与えたということである。

このロックの自然状態は、われわれの公権力についての仮説よりもっとフィクションに近い。そんなことをロックともあろう人が解らなかったはずはない。だからこれは「正当根拠」なのである。

アメリカ独立革命もフランス革命も背景にはロックの思想がある、ということはすでに述べた。アメリカ合衆国という国家は、ロックの社会契約論の実験国家なのである。その意味では、この考え方には「正当根拠」以上のものがあると言ってよいかもしれない。

ロックに先だって、「自然状態」を想定し社会契約論を唱えたのがトマス・ホッブスである。しかし、彼の「自然状態」は、ロックのように抽象化されたユートピアではなく、言わばまだ人類が狩猟・採取生活をしていた「原始状態」である。食料は限られており、個々人の力の差も圧倒的に違うというわけではなかったので、生きていくためには毎日が闘争の連続であった。ホッブスの表現を用いれば、「万人の万人に対する戦い」とか「人間は人間に対して狼である」ということになる。

こうした状態は、何も原始時代でなくとも、確固とした公権力のないところでは常に起こり得る。そこで、ホッブスの場合も、このような状態から脱出するために、人々は、各自のもつ自然権の一部を放棄して、ひとりの人間またはひとつの合議体に授け、それを人々の平和と相互の防衛のために使ってもらう、と考えたのである。この場合の契約は、民法の例で言えば「譲渡契約」になる。ホッブスは、約束だけでは社会は続かない、それを守らせる力が必要だと考え、内乱（ビヒーモス）に戻るよりは絶対権力（リヴァイアサン）を認めた方がよいとしたのである（ビヒーモスもリヴァイアサンも旧約聖書に登場する怪獣)。

欧州の絶対王権時代の王権神授説も日本の万世一系も、社会契約論と同様に公権力の正当根拠である。日本国憲法は、その前文で「そもそも国政は、国民の厳粛な信託によるものであって、その権威は国民に由来し、その権力は国民の代表者がこれを行使し、その福利は国民がこれを享受する。」としているから、社会契約論に基づいていることは明らかである。ホッブスではなくロックの考え方が生き延びて来たように見える。

確かに「正当根拠」は大切である。しかし、われわれが「存在根拠」をより重要視するのは、「正当根拠」では、公権力というものの真の姿を見えにくくするのではないかと思うからである。憲法は「主権は国民に存することを宣言し」ているが、公権力と国民の支配(統治)―被支配(被統治)の関係は、絶対王権時代とどこが違うというのであろうか。公権力は、自らの統治を正当化し、事実上持続させるために、「国民のみなさんのために」というリップサービスをさかんにするが、本当に国民のみなさんが望んでいるような政治が行われていると、当の国民は思っているのだろうか。むしろ、本来、唯一、国民の手に選択が委ねられている政権交代は、かえって国民に失望感(誰がやっても同じ。結局、自分たちの声は政策に反映されない)を与えることになってはいないだろうか。

アメリカでは政権交代のたびに、いわゆる政府高官はいっせいに入れ替えられる。ところが、日本では、政権交代しても官僚機構は一向に変化なし。官僚はその体質として前例主義を採るから、変化を嫌う。官僚トップの事務次官人事にしても、閣僚でさえ口を挟めない。これでは、国民の期待が裏切られるのもやむをえない。

どのような「正当根拠」を採用している国家でも、「存在根拠」に変わりはない。どこにでも、物理的強制力に程度の差こそあれ、統治―被統治の関係はあり、統治者は、社会秩序の維持・実現のために、国家的見地（被統治者には理解しがたい）からさまざまな政策を講じていく。

## 二　主体を「公権力」とする理由

### （1）理念的理由

第一は、公権力の対内的な原始的機能と関連する。何回も述べてきた社会秩序の維持・実現である。原始的機能とは、生まれもった機能、そのためにこそ生まれた根拠である。身辺の無事と経済生活の安定を図る責務をもっているのは公権力であり、個々人は、自らやその地域のためにそれに協力することはあっても、責務を負っているわけではない。何もしないことを責められる謂れはない。もし犯罪の被害に遭ったら、それは公権力の義務懈怠（義務を十分に果たさなかったこと）であって、被害者が悪いわけではない。

一九四〇年代に成立した被害者学がまず問題にしたのは、犯罪促進要因としての被害者であった。「犯罪は加害者と被害者の共同作品」との認識から、犯罪の成立には被害者のなにがしかの貢献があるのではないかと考えたのである。そこから、被害者の有責性だとか被害者特性だとかが語られるようになった。

確かに、われわれの周囲を見渡しただけでも、泥棒に何度も入られた家とか、何度も強盗に被害に遇ったことがある人がいる。被害者学者ならずともどうしてだろうと興味をそそられる事例もある。

特に、性犯罪の場合には、そのような研究が数多く行われ、一定の知見（観察し考察して知り得た内容）が得られた。痴漢にしても、全く遇ったことがない人がいる一方で、何回も被害に遇う女性がいる。服装・年齢・性体験などが関連しているという見解もある。

こうした研究成果は、潜在的被害者に周知させることによって、犯罪を未然に防止することに役立つかもしれないが、強姦罪の法廷では、それがかえって被害者に対する被告人側弁護人の執拗な攻撃の材料にもされかねない。女性の生理と心理が解らない男性の中には、徹底的に抵抗すれば強姦は既遂になることはない、と勘違いしている人がいるらしい。そういう情報が、女性に後悔と罪悪感を与えて苦しめる。実は、暴行・脅迫によって死の恐怖に晒された女性が抵抗を諦めるのは仕方のないことである。

被害者学の中でも、このような研究は、その後下火になってしまった。

確かに、盛り場へ行って酒を飲む、酔っ払う、夜遅く人通りの絶えた道を通って帰宅する、という方が、律義な生活を営むより、相対的に、犯罪被害に遇う確率は増えるかもしれない。それでも、われわれは、遵法的であるかぎりそういう生活を謳歌する自由をもっている。よく外国では、犯罪多発地帯に近づくのは自己責任だと言われる。公権力の機能を考える場合、それを「自己責任」だと言ってはいけないのではなかろうか。

第二は、「犯罪」を設定する者の責任と関連する。社会秩序を乱す行為の中から一定の行為を選び出して「犯罪」とするのは公権力である。公権力（この場合は、国会または地方議会）のみがその権限を与えられている。私人は、いくら気に入らない行為があっても、勝手に防圧策をとれない。

たとえば、犬を放し飼いにしたり、リードを付けないで散歩させたりすれば、軽犯罪法一条一二号に違反し、拘留または科料に処せられる。知ってか知らずか、犬についてはそういうことをする飼い主はあまり見ない。しかし、猫については、明文の禁止規定がないせいか、放し飼いにする飼い主は多い。犬の糞の処理にはうるさい人も、猫についてはあまり口にしない。ところが、おそらく猫の糞尿を迷惑に感じている人は、結構いるのではないか。ではどうするか。「しっ」と追っ払うぐらいがせいぜいであろう。もし、けしからん、ということで飼い猫を傷つけたり殺したりすれば、損害賠償を請求されるだけではなく、器物損壊罪や動物愛護法違反で刑事罰を受けることになるかもしれない。

これだけ、公権力の「犯罪」であるとの決断は、われわれの身近な生活にも大きな影響を与える。私人も、自分で自由に判断し、自分で適切だと思う対策ができるならば、自分に責任がある。しかし、そうではないのだから、犯罪に対する方策を工夫する第一次的な責任は公権力にあるとしなければならない。

犯罪に対する善後措置との関係で現代的な問題は裁判員制度である。詳しくは刑事司法制度について述べるときに譲るが、果たしてわれわれ一般国民に、刑事裁判の審理に参加し法律の適用を考える義務があるのだろうか。

立法に携わった者は、「主権在民」ということから、権力の行使にも国民の参加が必要だとし、三権の一つである司法に今まで国民が係わってこなかった方が異常だったのである、と言わんばかりの立法理由を述べているが、国民の意思の権力活動への反映ということなら、最高裁判所判事の国民審査と法律（国民の代表者によって作られるのだから、国民の意思が反映されているはず）による裁判で満たされているはずである。何も、忙しい国民を裁判の場に引っ張り出す必要はないし、国民の側からすれば、引っ張り出される謂れはない。

繰り返し言うが、犯罪に対する予防→抑止・鎮圧→善後措置という一連の活動のあり方について究極的な責任をもつのは、「犯罪」の概念を設定した公権力をおいて他にない。

## (2) 現実的理由

第一は、主体を拡散することによる責任の拡散の防止である。

刑事政策は目的活動であるから、その主体は行動目標の内容を有権的に（合法的な物理的強制力を背景として）決定する者のことである。実質的に誰かを決定するのはむずかしい。もちろん、個々の公務員を指すわけも公務員一般を指すわけでもない。

たとえば、衆議院議員谷垣禎一は、形式的には、彼の信念に基づいてその一存で、指揮権発動（個々の事件の取り調べまたは処分について検事総長を指揮しうる）や死刑執行命令書にサインするかどうかを決められるが、それは谷垣だからということではなく法務大臣という地位にあるからである。おそらく、造船疑獄事件に際し時の法務大臣犬飼健が指揮権発動を行って辞任に追い込まれたように、法務大臣としての責任は免れないかもしれないが、一個人としてのそれではない。

刑事立法ということであれば、最終的責任は、形式的には立法府たる国会にある。しかし、日本の刑事立法を実質的に左右しているのは法務官僚である。ほとんどの場合、官僚が発案し、法制審議会刑事法特別部会でお墨付きを受けて条文化し、閣議決定を経て国会に上程され、形式的な審議を経て、ほぼ原案どおり可決・成立する。こういう経過を見ると、日本の場合、誰に責任を負ってもらえばいいのか分からなくなる。みんなに責任があるようでもあるし、誰にも責任がないようでもある。これが日本型無責任体質につながる。法律主義の要請から、刑事政策は法律による制度化が行われ、その中で、行政・司法官僚が運用する。制度というのは、器のようなもので、それにどのような内容を盛り込むかは、運用する者の裁量である。

具体的に言えば、各種の猶予制度（詳細は後述）をどのように用いるかは、微罪処分の場合は司法警察員、起訴猶予の場合は検察官、執行猶予の場合は裁判官、仮釈放の場合は地方更生保護委員会が決める。決めるからには、その運用の成果についての責任を彼らが負うことになる。

刑事政策制度の中には、たとえば前述の裁判員制度のように、一般国民の参加を最初から予定しているものもある。しかし、彼らはあくまで法律の枠内で（法律に縛られながら）裁判官の指揮の下に決定に協力するだけで、判決文を書くわけではない。もし、判決の結果について、裁判員の責任を問うものだとすれば、そのような制度自体が、責任の分散を引き起こす無責任な制度だと言わざるを得ない。

第二に、公衆（一般国民＝私人あるいは私的団体）は刑事政策の主体にはなれない。学説の中には、「公衆」を刑事政策の主体としている者もいるので、この点は特に注意を要する。

公衆が犯罪対策の主体になり得ることは、もうすでに述べたとおりである。身近な犯罪対策としても、予防から善後措置までさまざまな方法を採っている。警察官が日常的に巡回してくれるわけではない地域では、生活を守るためにやむなくやっている場合もあるし、国に協力することは国民の義務だと考えて、積極的に防犯活動や更生保護活動に参加する場合もある。

このように、過去においても現在においても、公衆はさまざまな形で、犯罪対策に関与してきた。その中には、公権力の犯罪対策に直接関与するものもあれば、これとは独立に行われる犯罪対策もある。前者には、①協力・支援タイプ（保護司・篤志面接委員・教誨師など）、②監視・制御タイプ（検察審査会・刑事施設視察委員会など）、③批判・抗争タイプ（過激派などのいわゆる法廷闘争・死刑廃止運動など）があり、後者には、①補充・創造タイプ（感化院創設・草創期の更生保護活動など）、②補充・自衛タイプ（警備保障会社など）がある。

犯罪被害者に対する支援要求やその他の立法要求（たとえば、危険運転致死傷罪の成立）は後者の①

の延長線上に位置するであろう。

平成一一年の光市母子殺害事件をきっかけに、犯罪被害者の刑事司法における地位は格段に高くなった。それは被害者遺族の本村洋さんの活動によるところが大きい。すでに犯罪被害補償制度は存在したが、被害者（遺族）は、法廷に遺影を持ち込むことも認められず、傍聴も一般人と同じく抽選であった。こうした疎外に疑問をもった本村さんが、同じく犯罪被害者遺族である岡村勲弁護士らと協力して犯罪被害者の会を発足させ、国民に対する啓蒙活動と政府に対する陳情活動を展開した。それが当時の小渕首相を動かし、平成一六年の犯罪被害者等基本法の成立につながり、今日では、刑事訴訟法などの改正もあって、遺影の持ち込み、優先傍聴はもちろん、被害者参加制度によって法廷の中での被告人への直接尋問も許されるようになった。

あれだけ障壁の高かった少年審判への被害者（遺族）の傍聴も、条件付ではあるが認められた。これらも公衆参加の成果である。しかし、最後に決断するのは公権力であるという点は忘れてはならない。

裁判員は、前者の①にも②にも分類され得るであろう。司法制度改革審議会の意見書は、国民の司法参加の意義について次のように述べている。「二一世紀の我が国社会において、国民は、これまでの統治客体意識に伴う国家への過度の依存体質から脱却し、自らの内に公共意識を醸成し、公共的事柄に対する能動的姿勢を強めていくことが求められている。国民主権に基づく統治構造の一翼を担う司法の分野においても、国民が、自律性と責任感を持ちつつ、広くその運用全般について、多様な形で参加することが期待される。国民が法曹とともに司法の運営に広く関与するようになれば、司法と国民との接地面が太く広くなり、司法に対する国民の理解が進み、司法ないし裁判の過程が国民に分かりやすくなる。その結果、司法の国民的基盤はより強固なものとして確立されることになる」と。

この考え方に基づいて裁判員制度は設けられた。この意見書を見ると、公権力が、国民に犯罪対策の一翼を担わせようとしていることがよくわかる。しかし、ことは裁判員制度だけの問題ではないのである。公権力は、合理性の観点からも、「国民の国民による国民のための統治」というアリバイ作りのためにも、公衆を犯罪対策に引っ張り出すことをもくろんでいる。

更生保護法二条は、その一項で「国は、前条の目的に資する活動であって民間の団体又は個人により自発的に行われるものを促進し、これらの者と連携協力するとともに、更生保護に対する国民の理解を深め、かつ、その協力を得るように努めなければならない。」とし、三項では、「国民は、前条の目的を達成するため、その地位と能力に応じた寄与をするように努めなければならない。」として、国民が更生保護に協力することを当然視している。

意見書の考え方は、形式的・観念的な国民主権論からは間違いではないが、実質的な権力構造から見ると認識に誤りがある。国民は「統治客体」である。考えてみればすぐに分かることである。税金は無理やり取られるし、罪を犯したということにでもなれば、完全に公権力の支配下に置かれる。国民は、別に、国家に依存し楽をしようと思って客体意識を持っているわけではない。事実上、統治客体でしかないわけだから、「公共意識を醸成」する義務もないし、公共的事柄に「自律心と責任感」

をもって対応する必要もない。

確かに、何の利益もないのに、自分の時間を公権力がすべき役割に差し出す人は結構いる。全国には五万人近い保護司が犯罪者の指導監督・補導援護に当たっている。その他にも、四千人以上の会員を持つＢＢＳ会（非行少年の立ち直りを支援する団体、Big Brothers and Sisters）、一八万人以上の会員を持つ更生保護女性会、八千人以上の協力雇用主（就職困難な前歴者を積極的に雇用する事業者）がいる。

しかし、それでも、これらの人々は希少価値の部類に属する奇特な人々である。普通の公衆は、日々の生活に忙しい。個人的に利益の出ないところには、好き好んで赴こうとはしない。するのは、せいぜい近親者の身の安全と経済生活の安定に資する活動くらいである。町内会の会長やマンションの管理組合の理事長だって、自ら手を挙げる人は少ない。それが、いわゆる現代市民の姿である。ギリシャのポリスにおける「市民」とは全く異なる。彼らは、生産活動は奴隷に任せていたが、政治と軍事には積極的にコミットした。むしろ、そうするのが「市民」の責任であった。

阪神淡路大震災が起こった平成七年がボランティア元年と言われる。その後、能登沖の貨物船転覆事故や中越地震の時にも、全国からボランティアが駆けつけた。ボランティアは利他的な活動であるから、それにけちを付ける人はいない。大学入試の面接のときにも、「高校時代になにかボランタリー活動をしたことがありますか」という質問をしたりした。しかし、ボランティアは一時的な流行で終わることが多い。被災地では、復興するまでボランティアに手伝ってもらいことがあるのに、一時大勢駆けつけて仕事が割り当てられないほどにいたボランティアが、潮が引くように急に足りなくなることがあるらしい。被災者でもない限り、やはり他人事なのである。

その点、自分の利害を抜きに犯罪対策に携わっているボランティアの活動は安定しているが、決して組織的・継続的ではないために、一貫性がなく無責任なものになる可能性はある。せっかく意欲的にやっている保護司の活動でも、意欲的なだけにかえって保護観察対象者にはうっとうしく感じられる場合だってありうる。もっとプライバシーを尊重してもらいたい、と。

以上のようなわけで、公衆は、犯罪対策の主体としてはともかく、犯罪対策のあり方を工夫する刑事政策の主体としての適格性に欠けていると言わざるを得ない。

ちなみに、刑事政策「学」の主体も公衆としての私人である。この私人は、公権力と同じ手法で無責任に「胎児状態の刑事政策」を提案することはできる。しかし、それを「刑事政策」として誕生させることができるのは、公権力のみである。それゆえ、「出産」の決断こそが、刑事政策の要諦（肝心かなめのところ）になる。

## 三　公権力の活動の特徴

公権力の活動の特徴を知ることは、刑事政策学的には、研究の対象の正確な姿を把握することになり、人間学的には、自己の気づきにくい姿を捉えることになる。なぜなら、公権力はわれわれ人間の基本的な本能の所産として出てきたものだからである。

### (1) 刑法は非常識？

公権力による犯罪統制の中心になるのは刑法である。刑法がわれわれの生活利益を護ってくれていると思っている人は多いのではないだろうか。それでは、刑法は、いったい、個々人レベルの要望を満たしてくれるような形で作られているのであろうか。

第一に、刑法には、個々人に直接被害の及ばない犯罪が設定されている。詳しくは非犯罪化論のところで取り上げるが、代表的なのは賭博罪（刑法一八五条）であろう。特に拝金主義の世の中では、人間の射幸心（偶然の僥倖によって一獲千金を望む心）は抑えがたく、しかも、被害と言っても本人が賭けに失敗して路頭に迷うくらいで、直接誰かに迷惑がかかるというものではないから、我が国でも公営ギャンブル（競馬・競輪・競艇・オートレース）や宝くじといった形で公権力が胴元になる賭博や富くじは認めている。また、私人が胴元になる場合でも、賭けマージャンやパチンコは大目に見られていて、めったに検挙されるようなことはない。

刑法の賭博罪の規定は、主に組織暴力団対策として存在する。暴力を背景に成り立つ公権力は、組織暴力団に対しては「近親憎悪」的な対立関係にあって、自らの財産の収奪に対抗する勢力の存在は認められない。上記の事情（公営ギャンブルの存在）を合わせて考えれば、勤勉な経済生活を守る、などというきれいごとで機能する規定でないことは明らかである。

もう一つ例を挙げる。刑法二〇二条は、自殺を教唆（する気にさせる）・幇助（する気のある人に精神的または物質的な援助をする）し、または嘱託を受け承諾を得て殺す行為を六カ月以上七年以下の懲役または禁錮に処する旨規定する。この場合も、本人が死を受け入れているわけであるから被害者はいない。自殺が違法かどうかについては、「死ぬ自由があるかどうか」をめぐって学説上の対立がある。二〇二条と一九九条の教唆・幇助を較べていくら論理的に「自殺の違法性」を説明しても、多くの学生は、「それでも自殺は自由だ」との意見を変えないし、学説の多くも「個人の法益の放棄は自由だ」と考える。本人の望みどおりにしてあげるのになぜ公権力は厳しい制裁をもって臨むのか、個々人レベルの視点からは理解しにくい。特に、安楽死の場合、その禁止は治療の継続を余儀なくさせるから、本人の苦痛が長引くだけではなく経済的負担もかかる。だからと言って、安楽死に厳しい制約を課す公権力が治療費を負担してくれるわけではない。

第二に、財産罪と性犯罪は、自由や名誉に対する罪に較べて法定刑が高い。たとえば、未成年者誘拐罪（人を盗む。二二四条、三月以上七年以下の懲役）に較べて窃盗罪（物を盗む。二三五条、一〇年以下の懲役または五〇万円以下の罰金）の法定刑は高い。また、タクシーの運転手を脅して無銭乗車をすれば強盗罪（二三六条、五年以上の有期＝二〇年の懲役）になるのに対し、普通乗用車の運転手を脅して運転させても強要罪（二二三条、三年以下の懲役）にしかならない。前者が不法な財産上の利益を得たのに対し、後者は自由を侵害したに過ぎないからである。

性犯罪に対する法定刑は、平成一六年に引き上げられて、強制猥褻罪（一七六条、六月以上一〇年以下の懲役）は保護責任者遺棄罪（二一八条、三月以上五年以下の懲役）より重く、強姦罪（一七七条、三年以上の有期懲役）は傷害致死罪（二〇五条）と同じ法定刑である。

犯罪は、社会秩序を乱す行為である。問題は誰がそのような行為をする可能性が高いか、ということである。財産罪と性犯罪にそれぞれ対応する物欲・性欲は、政治的・経済的・社会的地位の高い者は、比較的容易にかつ合法的に満たすことができる。しかし、地位の低い、いわゆる社会的弱者は、その欲望が強いだけに違法行為に走りがちである。刑法は、相対的に法定刑を高くすることにより、それらの者に対する威嚇としたのである。もっとも、これは観念的な議論であって、実際、上記の社会的弱者がその行為の法定刑を知っているとは思われないが、刑法は、「知っている」という前提のもとで議論するしかない。

第三に、刑法は、個々の被害者の思いを必ずしも反映しているわけではない。

女性ならほぼ百パーセント、強盗に遇うのと強姦に遇うのとどっちが嫌かと聞いたなら、強姦と答えるだろう。ところが、裁判ではどうかと言うと、日本の裁判官は性犯罪には比較的「寛大」で、言い渡す刑は軽かった。これが、国民の感覚とのずれを指摘される大きな原因であったかもしれないが、先ほど述べたとおり、性犯罪に対する法定刑は引き上げられたし、裁判員裁判の導入によって、宣告刑も重くなった。それでもなお、法定刑の上では、強姦罪は強盗罪よりも軽いのである。刑法それ自体が被害者のことを考えて作られていないのがよく分かるだろう。

財産罪についても同じようなことがある。窃盗罪と器物損壊罪の法定刑を較べてほしい。窃盗罪は、すでに述べたように一〇年以下の懲役または五〇万円以下の罰金。それに較べて器物損壊罪（二六一条）は三年以下の懲役又は三〇万円以下の罰金若しくは科料と、格段に軽くなっている。もし、高額な名画や工芸品が対象になった場合、被害者にとって盗まれるのと壊されるのではどちらが被害が少ないと感じるだろうか。おそらく盗まれる方である。発見されて戻ってくるかもしれないし、転売されて買い戻すことができるかもしれない。ところが、壊された場合には、修復不可能である。これは例外的な事態であると言ってしまえばそれまでであるが、立法者が、破壊欲より利欲に重きを置いて、つまり行為者側の事情を考慮して法定刑を設定したことは間違いないだろう。

多くの善良な市民は、自らが加害者になるよりは被害者になる可能性を考えて刑法を見るに違いない。立法者は、行為者が反対動機を形成することに重点を置いて条文を作る。そのギャップが、刑法は非常識という印象を人々に与えることになるのではないかと思われる。

### (2) 刑事司法は非常識？

今度は、刑事司法（警察→検察→裁判所→刑の執行）が個々人レベルの要請を満たしてくれるものであるか考えてみよう。

第一に、刑事司法過程は、応報の正義を実現してくれるところではないし、ましてや復讐（敵討ち）を果たしてくれる場ではない。

大多数の被害者は、応報の正義の実現を望んでいる。応報というのは、罪の重さに応じた刑罰をということで、「目には目を、歯には歯を」という同害報復を限度とする。被害者遺族にしてみれば、健常者に殺されようが心神喪失者に殺されようが少年によって殺されようが同じである。死をもって償ってもらいたい。刑法は、傷害致死や危険運転致死には法定刑として死刑を規定していないが、被害者の思いは殺人と同じであろう。犯した罪に相応しい罰を受けるべきだと考える。

ところが刑事司法制度を見ると、そこには猶予制度というものがある。日本では、起訴便宜主義（刑事訴訟法二四八条）によって検察官には広範な起訴裁量権が与えられている。検察官は、ドイツのように起訴法定主義を採る国と違って、どのような罪でも（たとえ殺人罪でも）、その裁量によって起訴しないことができる。しかも、実際の運用を見ると、それは決して例外的な事態ではないのである。さすがに殺人や強盗などのいわゆる凶悪犯罪の起訴猶予率は低いが、全体をならせば約半数以上が起訴猶予処分になる。

では、裁判所ではどうか。被疑者（マスコミでは「容疑者」と呼ぶ）・被告人（マスコミでは「被告」と呼ぶ）には、「無罪の推定」という大原則が働く。無罪の推定とは、最終的に有罪が確定するまでは無罪とみなすことをいう。たとえ現行犯逮捕された者についてでさえ。この原則は、「疑わしきは被告人の利益に」とか「たとえ一〇人の有罪者を逃すとも、一人の無実の者を罰してはならない」という法諺でも言い表される。

かつて裁判所自身が使った「灰色無罪」、つまり限りなく黒に近いけれども、合理的な疑いを払拭するまでには至らない、という場合は文字通り「無罪」なのである。さらに、被告人が犯人であることが証拠上明らかな場合でさえ、その証拠が違法に収集されたものであれば、「無罪」を言い渡すしかない。その他、被疑者・被告人には黙秘権があり（自白を強要されない）、唯一の証拠が自白である場合には有罪とならない、など、法の建前上、証拠法則により守られていることになっている。

果たして、こうした刑事司法のあり方に、被害者（遺族）はもちろん一般国民は納得できるのだろうか。そうした心理を知ってか知らずか、実際の刑事司法は、法の建前どおりには運用されていないようである。

刑事訴訟法三一九条一項は、憲法三八条二項の規定を受けて、「強制、拷問又は脅迫による自白、不当に長く抑留又は拘禁された後の自白その他任意にされたものでない疑のある自白は、これを証拠とすることはできない。」と規定する。しかし、警察も検察も最大二三日間の起訴前勾留期間をフルに活用し、あるいは別件逮捕を繰り返すことによって、相当長期間に渡って被疑者の取り調べを行って自白調書を作成している。しかも、それが公判廷で、被告人が犯行を否定しているにもかかわらず、証拠採用を拒否されることはめったにない。可視化にきわめて消極的な捜査機関の姿勢を見れば、「強制、拷問又は脅迫」がまかり通っているという疑いは濃いにもかかわらずである。

また、有罪の判定は、従来型の裁判でも裁判員裁判でも多数決による。全員一致ではない。少数でも有罪に疑問がある者があるということは、「疑わしきは被告人の利益に」の法諺どおりなら無罪になるはずではないのか。有罪に反対した裁判官が有罪の判決書を書く、という奇妙な現象も起きかねない。

こうした実情から、有罪率は九九パーセント以上になっていることは周知のとおり。検察官から言わせれば、証拠上有罪を確実視している被疑者しか起訴しないのだから、この数字は当たり前ではないか、ということだろうが、本当に見込み違いはここまで少ないのだろうか。

刑事司法のあり方を冷めた目で見れば、いわゆる「冤罪（無実の者が罰せられる）」は想定内であることがわかる。それがたとえ死刑の場合であっても。実は、冤罪というのは、無実の人が罰せられるだけではなく、真犯人を取り逃がすケースも多いので、最も不正義である。公権力も、頻繁に冤罪が出ることは、人々の正義感を逆なでし、刑事司法に対する信頼感を喪失させるので、社会秩序を保つ観点からマイナスであることは十分に承知している。しかし、完璧である必要はない。未解決事件が増えて信頼をなくすことの方を恐れる。以上のことから、公権力が決して応報の正義という個々人レベルからの要求を満たすために刑事司法を運営しているのではないことが明らかになったであろう。

第二に、公権力による犯罪対処活動は、国家・社会レベルで悪効果が顕在化するときは消極的になり、表れないときには積極的になる。

このことに関連して、ここでは二つの事項を取り上げたい。一つは、犯罪報道の機能の問題であり、もう一つは、ホワイトカラー（白襟）犯罪の指摘である。

われわれが日々見聞きしている犯罪報道は、主に犯罪に関する警察発表をマスメディアが報道するものである。新聞の社会面を見ると、人々の注目を集める事件では、事件の詳細な経緯のほかに、容疑者のプロフィールや写真が掲載されている。これによって、われわれは、その人物が事件の犯人ではないかという印象を強く持つ。これは、実は、上記の「無罪の推定」原則にも抵触するし、誤判の原因にもなりかねない。それだけではなく、容疑者の名誉やプライバシーが大いに侵害される。

この点を捉えて、一時期「匿名報道主義」の主張が広く行われたことがある。匿名報道主義の主張は、おおよそ次のようなものである。捜査機関は報道機関に対して実名発表すべきである。しかし、報道機関は、原則として匿名報道をする。この原則と例外の基準は、犯罪の軽重ではなく、対象者の社会的地位である。つまり、公権力とそれに連なる者については実名報道が許されるが、それ以外の者については匿名で報道する。

しかし、公権力の犯罪報道の位置付けは犯罪対策である。これは歴史的にもそうであるし、実際の運用においてもそうである。村上直之によれば、「そもそも近代ジャーナリズムは、その先進国イギリスにおいて、公開処刑に代替する犯罪報道の社会統制機能の重要性が認められた時はじめて誕生した」ということであり、しかも、「政府・議会と民衆の間を媒介するジャーナリズムの役割がその政治的効果において刑罰と比較され、そのエコノミー性が承認された時、言論統制の最後の足枷が解かれたというのが、言論と報道の自由の歴史としてこれまで語られてきた通説の背後に隠されてきた事実なのである。」（新聞研究第四二三号四〇―四一頁）

さらに、記者クラブが、実は、国民の税金で維持されていることも見逃してはならない。国民の知る権利を代行しているのだから何ら問題はない、という見方もできようが、マスコミは「商業」報道機関である。報道によって経済的な利益を得ているのであるから、初期投資がただという背景には、捜査機関の思惑を感じざるを得ない。

捜査機関の記者発表という犯罪対処活動が、容疑者の実名発表という仕方で行われるのは、言わば一罰百戒、名誉やプライバシーの侵害によって容疑者の被る不利益を国民一般に知らしめるためである。そのデメリット（名誉権の侵害のほかに、犯罪の模倣、犯罪者の英雄視、社会復帰の阻害など）は十分承知している。しかしそれよりもメリットの方が大きいと睨んだ上での活動である。容疑者の不利益などはどうでもよいのである。

ところが、この容疑者が、公権力とそれに連なる者だったらどうであろうか。大物政治家の権力犯罪は政局にも影響を与える。高級官僚の汚職は公務員への信頼感を蝕む。警察官の犯罪は何であれ警察全体の信用を失墜させる。社会的指導者の犯罪は、社会にやりきれない思いを蔓延させる。匿名報道主義の主張とは裏腹に、公権力は、その取り扱いに社会的非難が向けられたとしても、できるだけその全貌が明らかにならないような手段を講じたいのではなかろうか。それが国家・社会レベルの操作である。

匿名報道主義の、「記者発表は実名で、報道の実名か匿名かは報道機関の選択に任せよ」との主張が非現実的であるのは、上記の事情からも明らかであろう。

二つ目のホワイトカラー犯罪の方へ話を移そう。

「ホワイトカラー犯罪」というのは、エドウィン・H・サザーランドの書いた論文の題名である。

「名望ある社会的地位の高い人物がその職業上行う犯罪」をさす。サザーランドは、それ以前の、犯罪は貧困など個人的・社会的負因をもつ下流階層の行うものだという定説を否定し、政治的・経済的・社会的上流階層に属する者・団体にも、同じように法律違反が見られることを明らかにした。

なぜ上流階層の職務上の行為に対して法執行がなされることが少ないのかと言えば、たとえば、公害犯罪や贈収賄罪や証券取引法違反などを思い起こせば解るように、被害が拡散し、行為が見えにくく、合法・違法の境界があいまいだからである。そして、何よりも、法執行をすることによる社会・国家レベルの影響が大きすぎるからである。そのために、これらが公にならない限り、公権力は積極的にその全貌を自ら明らかにしようとはしない。本来、それをするのが、国民の知る権利を代行していると自認するマスメディアの役割であるはずだが。

ホワイトカラー犯罪の場合には、犯罪構成要件に該当していることの証明という点でも、困難が伴う。立法者の真意は分からないが、まるで意図的に難しくしているようにさえ見える。

たとえば収賄罪の成立には、賄賂の収受・要求・約束が「その職務に関し」行われなければならないが、公務員はその地位が高くなればなるほど職務権限の範囲があいまいになる。ロッキード事件の場合がそうであったように、内閣総理大臣ともなれば、一航空会社の機種選定に関する職務権限があるのかどうかを争われてもおかしくはない。背任罪の場合、任務に背く行為が「自己若しくは第三者の利益を図り又は本人に損害を加える目的で」行われる必要があるが（目的犯）、目的というような内心的要素を証明するのは困難である。

公権力にとっては、社会秩序の維持・実現が究極の目的である。したがって、その活動は、個々の行為者あるいは被害者の幸福を目的とはしていない。そのような個々人レベルの要求は後回しにしかならない。今日の被害者に対する手厚い対応にしても、世論の後押しがあったから実現したが、被害者（遺族）が不幸になっても（実際そういう場合が多いのであるが）、それが犯罪要因にならない限り、公権力の関心事ではなかった。しかし、世論は放置できない。

近年の厳罰化すなわち応報の正義実現傾向も同じである。厳罰化が決して犯罪の予防にプラスに機能するわけではないことは、すでに歴史が実証している。少年に対する「甘い」対応も、被害者サイドからは非難の的になっているが、これまでの経験から、少年には、成人とは違う、本格的な教育が必要で効果があるということがわかっている。少年について匿名報道主義を徹底させているのも、彼らの名誉やプライバシーを尊重するからではない。それが、少年の改善・更生という政策目標と合致するからにほかならない。ところが、二〇〇〇年以降の厳罰化である。世論という怪獣には、さすがの怪獣リヴァイアサンも一歩譲るということか。

# 第四章　刑事政策の対象

本章では、刑事政策の対象の中で、「犯罪」の意義、「犯罪者」の意義とその周辺部分について説明する。「刑罰」も重要な犯罪対策として刑事政策の対象ではあるが、章を改めて検討することにする。

## 一　刑事政策における「犯罪」の概念

### (1) 小川太郎の見解

この点について最も詳細な検討を加えたのは小川太郎である。ここではまず小川の研究成果（『刑事政策論講義第二分冊』一三頁以下）に焦点を当てたいと思う。

小川は、「ひとつのものでも、操作をするプロセスによって、その定義がちがってもかまわないのではないか。」として、犯罪を法律過程・臨床過程・理論過程に分けて説明する。

i　法律過程における犯罪概念

　まず、法律過程について。法律過程とは、犯罪捜査から裁判までの過程と考えてよい。そこで用いられる犯罪概念とは、法律的反動（刑罰または処分）を与える前提としての一面がある。犯罪捜査は、漠然と「犯罪」が起こったということではなく、具体的に○○罪が犯されたということで開始される。つまり、○○罪の認識が犯罪捜査の端緒になる。○○罪ということがはっきりしていなければ、裁判官だって逮捕状も捜索令状も発行してくれない。それは将来的に検察官が起訴状に記載し、立件しようとする罪名（たとえば、刑法一九九条殺人罪）でもある。

　それゆえ、法律過程では、刑法の犯罪概念である「刑罰を法律効果とし、構成要件に該当する違法・有責な行為」という定義が刑事政策においても重要な役割を果たす。刑法では、刑罰が法律効果（なされた行為に対する反動）として書かれていないものは「犯罪」とは言わない。「構成要件に該当する」とはどういうことか。刑法一九九条は、「人を殺した者は、死刑又は無期若しくは五年以上の懲役に処する。」と規定するが、このうち「人を殺した」というのが構成要件に当たる。ちなみに「死刑又は無期若しくは五年以上の懲役」が法定刑であり法律効果である。

「殺意をもって人を殺した」ということがあれば、一九九条成立（すなわち刑罰を科す）の第一要件はクリアされる。しかし、「殺意をもって人を殺した」という場合にも、正当防衛であったり（三六条）、死刑の執行であったり（三五条）、刑法が「罰しない」としている行為がある。これを違法阻却事由という。違法というのは、刑法学で展開されている学説を取り上げると複雑なので、ここでは「法秩序に違反すること」としておく。判例では、その示す条件を満たした安楽死も違法阻却となり、罰せられない（ただ、まだそのようなケースはない）。その他に、超法規的違法阻却事由（たとえば、被害者の同意）を認める学説もある。

違法阻却事由がなければ、一九九条成立の第二要件までがクリアされる。しかし、人殺しが心神喪失者（是非善悪を判断し、またはその判断にしたがって行動する能力＝責任能力がない者）や一四歳未満の少年によって行われた場合は、有責性がなく、罰せられない。また、責任能力はあっても、行為の環境が異常であるため適法な行為を期待できない場合も、やはり有責性はないものとされる。これらを責任阻却事由という。これがない場合にはじめて一九九条の第三要件もクリアされて、所定の刑罰を科することができる。

責任無能力者の行為は罰せられないのであるから、厳密には刑法上の犯罪ではない。しかし、公権力は、「構成要件に該当する違法な行為」を放置することができないので、心神喪失者には、心神喪失者等医療観察法で、一四歳未満の少年に対しては少年法で、国家的な介入をすることにしている。これを反動と捉えれば、「構成要件に該当する違法な行為」も法律過程における「犯罪」ということになる。

ii　臨床過程における犯罪概念

「臨床過程においては、犯罪とは社会に危険な偏倚的行動である。

この場合の犯罪概念は、犯罪者処遇の実際における臨床作業の前提となりうるものでなければならない。そこでは、犯罪者はかくかくの原因から犯罪をおかすものであるから、かくかくの処置を施せばその者を犯罪をくりかえすことから救うことができるという端的なプロセスが期待せられる。だからこの場合、原因的定義とよばれるものが前景にでてくる。犯罪はその犯罪者の行動として考えられ、それがいかなる原因にもとづくかに焦点がしぼられる。」（三四頁）「臨床」とは、犯罪者の危険性について、診断をし、予測をし、そしてその危険性を除くために処遇するプロセスをいう。

何が働きかける要素になるか、ということについて、いわゆる犯罪方程式が提示されている。

メッガーの犯罪方程式：Krt＝aeP・ptU

Krt：犯罪　a：素質　e：発達　p：人格　t：行為　u：環境

「犯罪とは、素質と発達期の出来事によって制約された人格と、人格を作り上げ、またその行為を起こさせた環境との結合の結果である」

レヴィンの方程式：B＝f（P・E）

B：人間行動　f：関数　P：人格　E：環境

「人間行動は、人格と環境の関数である」

アブラハムセンの方程式：$C=\frac{T \cdot S}{R}$

C：犯罪　T：個人の傾向　S：行為時の状態　R：罪に対する心理的抵抗

「犯罪は、その個人の傾向、そのときの状態が、心的抵抗と相互に影響しながらできあがる所産」

iii　理論過程における犯罪概念

「理論過程においては、犯罪とは、社会に害悪を与え、それがために社会から非難され、何らかの強制処遇の加えられる行為である。」この概念は、犯罪現象を理論的研究対象にした場合の概念である。次のような図で示すことができる。

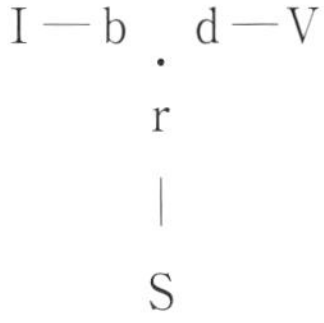


I：集団に属する個人　　b：個人の行為
V：被害者　　d：損害
S：社会　　r：社会の反動

「社会に害悪を与える」という点について、「第一に、犯罪は形式的に、その社会の定める命令禁止に反する意味で、その社会にとって害悪である。」また、「このほかに、第二の要素として、害悪の実質が備わることが求められる。すなわち、集団またはその成員に実質上の害悪を生ずることが必要である。」と述べられている。

刑法を少し勉強したことのある人であれば、この文章を見て、実質的違法論を思い出すだろう。すなわち、前者は、違法の実質を「規範違反」に求めるのに対し、後者は「法益侵害」に求める。これは、小川の次の文章とも関連する。「犯罪となる害悪の本質には、二つの要素があるようにおもわれる。一には支配的な集団に対して反抗的であるということ（心理的な要素）、二には集団の若干のメンバーに不幸感または不利益を与えるものであるということ（客観的な要素）。」

犯罪は、社会秩序を乱す行為であるから、どちらも「害悪」であることに変わりはないが、刑法学者の中には、「法益侵害のないところに違法を認めるべきではない」という人もいるので、この指摘は重要である。たとえば、「ウソを言うな」という規範がある。法益侵害を中心に違法を考える人たちは、おそらくウソを言うと誰かに迷惑がかかるからだ、と考えるのだろう。そうすると、偽証罪における「偽証」とは何を意味するのかというと、「客観的事実に反する」（客観説）こととするのが論理的である。なぜなら、その場合にはじめて刑事司法の適切な運用が歪められる（法益侵害）からである。しかし、多数説は「偽証」を「自分の記憶に反する」（主観説）と解釈している。記憶どおりに話せば、それが客観的事実とは違っていても、偽証罪は成立しないのである。要するに、「ウソを言う」ことが「けしからん」のであって、誰かに迷惑がかかるから「けしからん」のではない。その行為自体が害悪なのである。

ところで、害悪の存在は相対的である。小川の例によれば、「読み書きの発達しない時代には文書偽造はない。同様に、…サハラの砂漠の中ではスピード違反はない。」今や覚醒剤取締法違反は、裁判員裁判にもなる重罪であるが、昭和二六年に同法ができるまで、組織暴力団でない一般の人でも、ヒロポンなどの覚醒剤を使っていた。その相対性の裏に共通な特徴を見いだそうとする企てとして、ラファエル・ガロファロの自然犯の概念は有名である。

ガロファロは、人間には基本的な道徳的情操としてピエタ（他人に対する尊敬、哀れみの情）とプロビタ（他人の財産に対する尊敬、誠実）があるとしたうえで、ピエタに反する典型的な犯罪として殺人、プロビタについては窃盗をあげ、時と所を選ばず「犯罪」になっていると指摘した。日本でも、行政取締法規の大部分はいわゆる法定犯であるが、刑法典に規定されている犯罪のほとんどは自然犯である。

次に、「犯罪は社会から非難され」という点についてである。

この「非難の問題」は、「犯罪の害悪をうけた集団や個人における憤激という具体的な心理的事実に係わる」。「憤激」も、「集団またはその重要な一部における感情と、侵害を直接受けた者のそれと、二重に考慮を要する」。「従来は、犯罪の要素としては、集団のもつ感情に重点がおかれていて、侵害を受けた個人の感情はとかく等閑視せられたが、これを一概に私法的な出来事として切りおとしてしまうことは、法律的抽象にすぎるということになるようにおもう。」というのが小川の見解である。

「何らかの強制処遇の加えられる」という点については、「この具体的な反動処置というものの内容は、可変的である。残虐な処置から人道的な矯正処置にいたるまで諸種の階梯がある。」と述べている。

## (2) 小川説の検討

上記は、小川の述べていることのすべてではないし、小川の叙述に筆者が主観を交えて説明した部分もある。そのことを前提としたうえで、各過程における「犯罪」の概念が、刑事政策における犯罪概念として、どのような過不足があるのかを検討してみたい。

第一に、法律過程における犯罪概念との関係である。

刑法学における犯罪概念は、最も強力な犯罪対策、犯罪対処活動の許容限度を明示する、という意味で非常に重要である。どのような行為が公権力の干渉を招くかは、あらかじめ法律で明示されていなければならない。法律で明示されていない行為に対しては、どのような迷惑行為であろうと、介入は許容されない。

しかし、次の三点で、この犯罪概念は、そのままでは刑事政策における犯罪概念とすることはできない。

第一点は、刑法上の犯罪概念は限定され過ぎている、という点である。たとえば、売春防止法五条以下には、売春の勧誘、売春の斡旋、売春のための場所の提供など、売春周辺行為を処罰する規定がある。ところが、売春行為それ自体については、三条に「何人も、売春をし、又はその相手方となってはならない。」と規定するのみで、刑罰を規定していない。つまり、売春行為それ自体は、刑法上の犯罪ではない。しかし、周辺行為を処罰対象にしているということは、「本丸」である売春行為それ自体が防止の対象になっていると見なければおかしい。

売春は、「対償を受け、または受ける約束で、不特定の相手方と性交することをいう。」（二条）のであるから、外部的・客観的に認識しにくい行為である。したがって、これ自体を処罰の対象にすると、処罰に不均衡が生じることもあろうし、発見に努めようと思えばプライバシーの侵害の恐れもある。そこで、立法者は、外部的・客観的に認識しやすい行為を処罰することで、「本丸」の防止を図ろうとしたのである。ターゲットは売春それ自体なのであるから、これを犯罪概念から外すような概念設定はできない。

もう一つ例をあげるとすれば、少年の虞犯行為である。少年法三条一項三号は、「イ―保護者の正当な監督に服しない性癖のあること　ロ―正当の理由がなく家庭により付かないこと　ハ―犯罪性のある人若しくは不道徳な人と交際し、又はいかがわしい場所に出入すること　ニ―自己又は他人の徳性を害する行為をする性癖のあること、という事由があって、その性格又は環境に照らして、将来、罪を犯し、又は刑罰法令に触れる行為をする虞のある少年」を家庭裁判所の審判に付することにしている。家裁の審判に付するということは、場合によっては保護処分に付す可能性もある。しかし、刑罰を科すことを想定していないわけだから、虞犯行意は刑法上の犯罪ではない。ただ、社会秩序の維持・実現を目的とする刑事政策では、これを「犯罪」として扱わざるを得ない。

第二点は、刑法上の犯罪は、行為者の主観的諸条件による類型化になじみにくい、という点である。たとえば、下着泥棒は、刑法上、「他人の財物を窃取した」のであるから窃盗罪にあたる。すでに述べたように、窃盗罪は典型的な利欲犯（物欲を満たす罪）である。ところが、下着泥棒は、フェティシズムの一種で、物欲ではなく性欲を原因にするものであり、対策を講じるとすれば性犯罪対策が必要である。

通貨偽造罪（刑法一四八条）という犯罪がある。この犯罪は、国家の独占的な通貨鋳造権を侵害する。しかし、構成要件に「行使の目的で」と断り書きがあるように、教材や芝居の小道具として偽通貨を作る分には、おとがめなしである。一万円札なら一万円札として使う目的が必要である。ということは、この犯罪は利欲犯ということになる。

犯罪対策は、主観的条件（動機といってもよい）を知らなければその真面目を発揮することはできない。その点、刑法上の犯罪規定は、行為の外形による分類であって、動機による分類にはなっていない。

第三点は、刑法上の犯罪類型と犯罪対策上の分類とは異なる、という点である。たとえば、スリ、万引き、置き引き、空き巣ねらいは、刑法上すべて窃盗罪である。しかし、これら四つは、社会的行為類型が全く異なる。それぞれの行為類型にふさわしい犯罪対策が講じられている。スリは現行犯でしか検挙できないことが多いので、捜査員が車中などで目星を付けて見張る。万引きも、多くの場合現行犯逮捕が必要なので、スーパーマーケットなどでは万引きGメンを配置して見張る等々。

刑事政策では、予防段階から抑止・鎮圧・善後措置の段階まで犯罪対処過程全体にわたる法的規制の流れを捉えるものの見方が重要であり、全過程を視野に捉えた犯罪概念を示さなければならない。

第二は、臨床過程における犯罪概念との関係である。

上記に、三つの犯罪方程式を紹介した。メッガーとアブラハムセンの方程式は、左辺が「犯罪」ということになっているが、レヴィンの方程式は、「人間行動」である。そこで、前二者の左辺を「人間行動」とした場合に、方程式は成立するかどうかを考えてみる。答えは、「成立する」である。われわれの行動そのものが、素質と環境の相互作用によって作られた人格が行為時の客観的・主観的状況にどのような影響を受けたかによって決まる。主観的状況の一つは心理的抵抗である。とすれば、何のことはない、「犯罪」方程式と言っても、要するに「行動」方程式なのである。すなわち、犯罪とは人間の行動である、ということを示したに過ぎない。

このことから、二つの点を指摘できる。一つは、人は誰でも犯罪を行うこと（犯罪の普遍性）の認識であり、二つは、それゆえ、犯罪を定義するときに「偏倚的」とか「不適応」とか「逸脱」という観念を用いざるを得ない、ということである。

犯罪の普遍性の観念は、エミール・デュルケームの「犯罪正常説」の中に見いだすことができる。「正常」とは、犯罪自体が正常ということではなく、社会的事実の認識として社会の中にある程度の犯罪が存在することが正常だという意味である。むしろ、犯罪には規範に働きかけて、社会の進歩・発展を促すというプラス効果もある。およそ犯罪の存在しない社会などは、異様に非人間的で非現実的な社会である、というのがデュルケームの主張である（社会的普遍性）。

犯罪の普遍性は、前に説明したホワイトカラー犯罪の観念からも認識できる。「たとえば、近年の日本では、官公庁や大企業の組織的な不正がマスコミをにぎあわせている。個人としては些細な窃盗すら犯さない人たちが、組織的な行動では大きな不正に加担し、個人の犯罪のレベルではありえないような数の人びとに危害を与え、ときに人の命さえ奪ってしまう。」（河野哲也『道徳を問いなおす』ちくま新書二一二頁）　公害や企業の損失隠し、また旧厚生省のＨＩＶ問題に対する対応を思い出すだけでも、この指摘は納得できる。そんなに大きなことではなくても、たとえば、多くの人が、まさか自分は殺人を犯すことはないだろうと考えている。しかし自動車運転過失致死傷ならどうであろう。品行方正な人でも、うっかり、ということは十分に考えられ得る。しかも、高度に文明の発達した今日では、こうした過失犯の社会的影響はこれまでになく大きくなっている。誰もが犯罪者になりうるのである（人間的普遍性）。

このように普遍的なものであるから、犯罪を定義をする場合には、「偏倚的」「不適応」「逸脱」というような観念が用いられるのであるが、どこからの「偏り」なのか、何への「不適応」なのか、どこからの「逸れ」なのか、その基準はあいまいである。道徳や宗教や慣習など、いわゆる社会規範といわれるものからの偏りがすべて犯罪になるわけではない。マナー違反なら、われわれの周囲にもいくらでもある。結局、基準は、公権力による行為規範にならざるを得ない。

もう一つ、河野の著作からヒントを得たことがある。上記犯罪方程式の右辺は、個人の人格や周囲の環境が個人の心理に与えた影響から成り立っている。これは「心理主義」という考え方に近い。心理主義の問題性を、河野は次のように述べる。

「心理主義とは、あらゆる社会の問題を、個人の心の問題に還元してしまう態度をいう。つまり、社会のなかで何か問題が生じれば、それはそれを引き起こした個人の心の問題であり、その個人の心のあり方を改善し、そうならないように、個人の教育を変えていかねばならないとする考え方である。

心理主義からは、社会の問題が、社会構造や経済、政治に起因する可能性がすっかり排除される。心理主義化された人間は、つねに自分の内面と自分の行動に注意を集中することになり、政治や社会制度や経済の諸問題が視野に入らなくなってしまう。そして、社会を運営している権力を持った人びとを批判することなく、弱い人びとの問題行動ばかりを攻撃するようになる。」（二五頁）と。

臨床過程における犯罪概念が、もし心理主義の弊害をもつようであれば、それを犯罪対策のあり方を工夫する刑事政策における犯罪概念とすることはできない。

なお、犯罪対処過程では、現行犯逮捕や暴動の鎮圧の場面のように、原因論的な説明が不要の場合もある。

第三は、理論過程における犯罪概念との関係である。

b、d、rのダイナミクスは卓見である。この図式からは、いろいろなものが見えてくる。その最大のものが、犯罪学における重点の変遷である。犯罪学は、ずっと犯罪とは何か、犯罪者とは何かを探ってきた。二〇世紀の後半に入るまで、その中心はI―bであった。二〇世紀中盤以降、V―dが注目され現在に至っている。一九七〇年代以降、ラベリング論が唱えられ、S―rの筋道の犯罪への寄与が発見された。

ところで、この図式の構成要素の欠けた犯罪は考えられないであろうか。また、この図式が完成された事象は常に犯罪になるのだろうか。

一見、I—bの欠けた犯罪はないように見える。しかし、刑法上、罪刑法定主義からその成立には問題があるとされたこともある不真正不作為犯にI—bはあるのだろうか。すなわち、「殺す」（作為）には人間の行動がある。それに対して「見殺しにする」（不作為）は、存在論的には無である。何もしていない。それなのになぜ一定の範囲の人との関係で、多くの刑法学説が「見殺し」を犯罪と見なしているのか。そこには、国家意思に対する同調があるように思われる。

いつの間にか理由も告げられずに、「人間の行為には作為と不作為があり、それぞれに故意と過失があるから、結局、行為には四種類がある。したがって、犯罪にもこの四種類に該当するものがある」ということが定説となり、法学部の学生はそのように教えられた。これは、一度、疑ってみる必要があるのではないか。不真正不作為犯にはI—bなどない。ただしかし、その不作為と因果関係にあるV—dがあり、それを放置することができないから、無理やりI—bありとした。つまり、公権力による反動（N—Rとする）が先にあるのである。

次に、V—dのことを考えてみよう。現在、犯罪とされている行為の中には、個別的あるいは具体的にV—dの存在しないものがある。dはあるけれども、IとVが同一人物ということもある。これらは「被害を訴え出る者がいない」犯罪という意味で「被害者なき」犯罪と呼ばれる。前者には、売春周辺犯罪、わいせつ物頒布罪（刑法一七五条）、賄賂罪（同一九七条以下）などがあり、後者には、単純賭博罪（同一八五条）、薬物の自己使用の罪などがある。自己堕胎罪（同二一二条）も、V―dはあるが、「訴え出るものがいない」という意味ではここに含まれる。ただし、すでに述べたように、単純賭博罪は公営ギャンブルの存在によって、指定医による堕胎は母体保護法一四条によって、事実上、犯罪のカテゴリーからはずれている。

もちろん、これら犯罪とされている行為には、小川の示した「害悪」が内包されている、という面はある。「支配的な集団に対して反抗的」と言える場合もあるし、「集団の若干のメンバーに不幸感または不利益を与えるものである」かも知れない。

売春については、行為者が一八歳未満の場合には（いわゆる援助交際、法令上は「買春」）、地方公共団体の青少年保護育成条例で相手方を処罰する。少女の方にも「誰にも迷惑をかけていないじゃないか」と強がってみても、両親や将来の夫には告白できない以上、上記の「害悪」に相当するという認識はあるはずである。

リベラリストは、他人の権利を侵害しない以上、何をする自由もある（リーガルモラリズムの排斥）、と考えるらしい。刑法学者の多くが「自殺は、自らの法益の放棄であるから違法ではない」と言うし、わいせつ物頒布、単純賭博や薬物の自己使用についても、自ら精神的・経済的・身体的に堕落する権利はあるという（パターナリズムの排斥）。

しかし、どうしてこれらが犯罪になっているかと言えば、「害悪」だからであろう。堕胎数に至っては、厚生労働省の発表している年間二〇数万件は合法的な人工妊娠中絶に過ぎず、実際には、出生数と同程度の数に上るとも言われている。これはもう社会問題と言わずして何と言えばよいか。刑法の謙抑性（出る幕を間違えてはいけない）とか最終手段性（物理的強制力を背景にせず、民事的にあるいは福祉的に扱う方法を先行させる）とかを考慮する必要はあるが、これらは少なくとも「犯罪」というカテゴリーに残しておくことが適当かどうかを議論する場合の対象にはなるであろう。

最後に、S—rについて。

S、すなわち「社会」について、小川は、「『集団』と『偽集団』（これは社会階級というような表現がしめすようにメンバーにとって現実的でない、直接なつながりをもたない意味のものである）とである。『集団』は、これも二つに分かれる。直接な接触の上に築かれるものと、間接な接触の上に築かれるものとである。直接な接触に係わるものは、ひとつには家族、近隣というような包括的な、継続的な集団と、二つには群衆というような制限的な一時的なものとに分かれる。間接な接触に係わるものは、これも包括的、継続的なものと、制限的、特殊的なものに分かれる。」（前掲書二六頁）と説明する。

『新社会学辞典』（有斐閣）は、「社会」の概念を四つに分けて説明している。①社会の本質を指示する抽象的概念としての社会、②集団や社会制度といった個別的に与えられる社会的結合をさすものとしての社会、たとえば地域社会、政治社会など、③包括的な全体社会としての社会、④社会類型としての社会、たとえば情報社会、高齢化社会など。

どの「社会」を採っても、「社会」というものは、一義的な（皆で意思を統一し一つになって）非難を行えるような主体ではない、ということができる。犯罪・非行に関して言えば、唯一この主体になれそうなのがマスメディアであるが、犯罪報道について説明したように、商業報道機関は売れるニュースしか報道しないし、その背後にいて取材源になっているのは捜査機関である。

この点で、刑法の期待可能性に関する学説史はSについて示唆に富んだ展開を見せている。期待可能性が一定の行為環境における適法行為の期待可能性であることはすでに述べたが、問題は、期待の基準、つまり誰を基準にして適法行為の可能性を判断するかである。

詳細は刑法の教科書で見てもらいたいが、学説は、この「誰」のところにまず当の行為者を置いた（行為者標準説）。ところが、個人を標準にすると「すべての事情を知ることはすべてを許すことにつながる」という異論が出て、この説は捨てられ、「誰」のところに平均人を置くようになった（平均人標準説）。さて、これで適切な判断ができるか。実は、「平均人」というのは実在しない抽象的な存在であるから、結局は、裁判で裁定をする裁判官（が想定する人）を標準とせざるを得ない。そこで最終的には、「誰」のところに国家を置くことになった（国家標準説）。国家を標準とすることは、個別的な事情ではなく、すでに刑法で認められている事情がある場合にだけ、期待可能性の欠如による責任阻却を認める、ということになって、「期待可能性の理論」それ自体の意味はなくなってしまったかに思える。たとえば、親族が犯人を匿ったり、証拠を隠滅した場合（一〇五条）、同じく親族が盗品を買ったり処分したりした場合（二五七条）などが責任を減少させる（刑の免除）。そこで、最近では、同じような類型に属する人を標準にする類型的平均人標準説が現れている。

もう一つの疑問、この図式が完成したときには常に犯罪になるか、ということについて、少しだけ検討してみよう。

実は、b、d、rがすべて整っているのに犯罪にならないケースがいくらでもあるのは、当然のことである。「社会秩序を維持・実現する上で有害とされる行為の中から、これだけは放置できないという行為を選び出して犯罪とし、それへの対処を工夫する」のが公権力による犯罪対策だということは、何度も指摘してきた。そういう枠組みから公権力の活動をチェックするのが刑事政策学である。

世の中には、見聞きしてストレスを感じる迷惑行為、マナー違反や道徳的な悪は山ほどある。電車に乗ると、条件反射的に携帯電話やスマートフォンを操作する人がいる。電鉄会社は、優先席での電源ＯＦＦを求めているが、メールの送受信・インターネット・ゲームはもちろん、通話さえする輩がいる。日本人は、うっかり注意してもめごとにでもなるのを嫌うから、誰も注意しない。白い目で見るだけである。

消費税の値上げが行われると、便乗値上げという現象が起きる。それに対して人々は敏感である。不倫だって、今では「文化だ」なんて人もいるが、もともと女性は処罰された、正当性にお墨付きが与えられた行為ではない。被害者もいるし社会的反動もある。

これらは、すべてb、d、rがそろっている。しかし、刑事政策における犯罪概念には含まれない。

以上、見てきたように、犯罪の概念には、どうしてもＮ（国家）＝Ｒ（反動）の要素が必要である。b、d、rは、刑事政策における犯罪概念にとって、必要条件でも十分条件でもないのである。

したがって、われわれは、それを次のように定義する。「犯罪とは、社会秩序の維持・実現にとって有害とされ、公権力による対処を正当化しうるとされる行為である。」と。

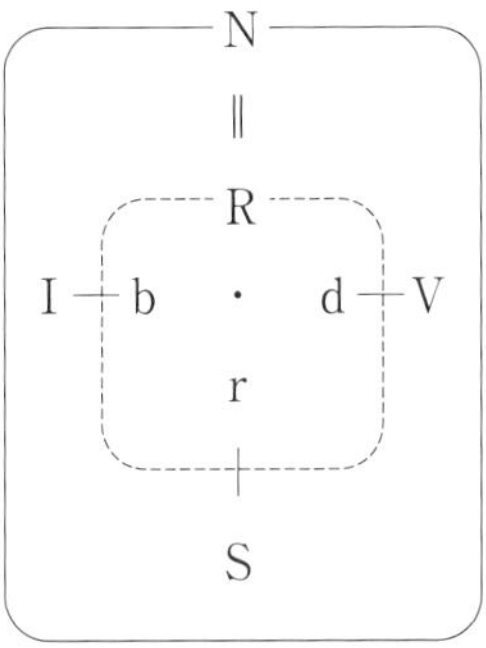


### ⑶　N‖Rの問題点

i　犯罪化と非犯罪化

犯罪化とは、これまでは公権力による介入がなされていなかった行為に対して、公権力が介入することにすることである。罪刑法定主義を採る場合には、立法化という手続が必要である。明治四〇年の現行刑法制定時には想定されていなかった新しい行為が、社会秩序の維持・実現にとって有害で放置できない、とされた場合もあるし、これまでは、私的自治に任せておいた行為が、被害の重大さから介入を余儀なくされた場合もある。

前者で代表的なのは、各種の交通関連犯罪やコンピュータ犯罪であろう。明治四〇年には飛行機も車もディーゼル機関車もなかった。後ろの二つは、拡張解釈という方法を使って、たとえば、業務上過失致死傷罪（旧二一一条）や過失往来危険罪（一二七条）を適用していたが、飛行機は、たとえハイジャックのようなことがあっても、監禁罪・強要罪くらいしか適用できなかった。ハイジャック関連行為の犯罪化は時代の要請であった。

コンピュータ犯罪が注目されるようになったのは、一九六〇年代後半以降のいわゆる情報化社会の到来によってである。刑法で「電磁的記録」「電子計算機」という語が使われるようになったのは、昭和六二年。電磁的記録の不正作出や電子計算機使用詐欺などが犯罪化された。

その他にも、児童福祉の観点から、青少年保護育成条例に淫行処罰や買春処罰が規定され、また、強制わいせつに当たるほどではない痴漢処罰等のために迷惑防止条例が制定されている。

従来、警察は、民事不介入といって、私的領域には不介入の態度をとっていた。家庭内のトラブルや私人間のトラブルは、それが社会的に認知されない限り、捜査機関の関心事ではなかった。ところが、家庭内の暴力で片方の配偶者（妻の場合が圧倒的に多い）がもう片方の配偶者の暴力に晒され、生命や身体への危険が生じることが数多く見られるようになったために、裁判所の命令（保護命令という）で両者を引き離し、その命令に違反したときに犯罪となることにした（DV防止法）。

また、桶川のストーカー殺人事件を教訓に（警察は男女間の痴話喧嘩くらいにしか認識していなかったという）、平成一二年には、ストーカー規制法が制定され、ストーカー行為の処罰に踏み切った。

どのような行為を犯罪にするかは、まさに刑事政策の出発点である。公権力の介入は国民の自由を制限する性質をもつから、刑事立法には補充性・寛容性・断片性（あわせて謙抑性という）が必要であると言われる。しかし、我が国では、国民の方から公権力の出番を要請する傾向が見られる。

非犯罪化とは、ある行為を犯罪のカテゴリーから外し、公権力の介入を控えることをいう。これには法律上の非犯罪化と事実上の非犯罪化がある。

法律上の非犯罪化の中では、立法上の非犯罪化と司法上の非犯罪化が区別される。

立法上の非犯罪化は、立法機関が当該処罰規定を削除することによって行われる。代表的なのは、昭和二二年の大改正時に削除された不敬罪（七三条）と姦通罪（一八三条）である。前者は、憲法における天皇の地位の変更や一四条の法の下の平等原則を背景にした削除であるが、皇室が特に篤く保護されなくなったというだけで、天皇等に対する名誉毀損や侮辱は、内閣総理大臣が告訴人になる点は違うが、一般人と同じように処罰される（二三二条二項）。

姦通罪については、妻と不倫相手だけが処罰され、夫の不倫は不処罰であった。そのため新憲法一四条に反するとされ、夫婦どちらの姦通も処罰対象にするか、両方とも不処罰にするか議論されたが、これは夫婦間の倫理の問題であるとして、後者が選択された。

司法上の非犯罪化とは、最高裁が違憲立法審査権を使って、当該処罰規定の適用を拒否することをいう。昭和四八年四月四日判決において、最高裁は、刑法二〇〇条の尊属殺人罪の規定が憲法一四条に違反するとした。もちろん、これは、上記の不敬罪と同じように、当該行為（名誉毀損や殺人）そのものを不問に付すということではないので、厳密な意味での非犯罪化ではないが、処罰規定がその後使われなくなるという意味で、これに含めることができるだろう。なお、二〇〇条を含めて、尊属が客体になる場合の重罰規定は、平成七年にすべて刑法典から削除された（立法上の非犯罪化）。

事実上の非犯罪化とは、行政上の非犯罪化といってもよい。犯罪のカテゴリーとしてなくなったわけではない、その意味で法執行の可能性はあるものの、捜査機関が摘発を差し控えている状態をいう。

たとえば、単純賭博罪（一八五条）については、一方で、公営ギャンブルが広く行われていることとの関係もあり、素人が行う少額な賭けマージャンなどは、事実上摘発の対象にはならない。前に述べたように、賭博罪（特に一八六条）は、組織暴力団対策立法である。自己堕胎罪（二一二条）も空文状態である。堕胎（人工妊娠中絶）のうち自己堕胎がどの程度行われているのか分からない。我が国では、適法な妊娠中絶は母体保護法指定医によるものだけだから、自己堕胎が適法に行われることはありえない。それでも、統計上、起訴件数はゼロである。

わいせつ文書・図画の頒布・販売罪（一七五条）も、わいせつ基準のあいまいさもあって、近年では、問題になるような事件は起きていない。ただ、ネット上にわいせつ図画が氾濫しているのは周知の事実であるから、いつこの条文が生き返るかわからない。犯罪の明確性という罪刑法定主義の要請から見ると、捜査機関がわいせつ基準の設定権を握っているような現在の状態は、健全とは言えない。

その他、身近なところでは、未成年者喫煙禁止法・未成年者飲酒禁止法の親権者・販売店処罰規定がある。この規定に基づく厳格な摘発が行われているとはとても言い難い。大学の新入生歓迎コンパをソフトドリンクだけでするところがあったら、その方が希少価値の部類に属するだろう。ただし、捜査機関の意を体してかどうか分からないが、民間における不売機運は、以前より高まっている。

非犯罪化論が、主に、被害者なき犯罪について議論されてきたことについては、すでに述べたが、我が国では、欧米に較べ宗教的な制約が弱いこともあって、同性愛、近親相姦、獣姦、自殺は、もともと犯罪化されていない。

非犯罪化論の理論的根拠としては、第一に、刑法の目的が、一定の倫理の押し付け（リーガルモラリズム）や国家の父権的介入（パターナリズム）にあるのではなく、市民的安全や保護にあるという考え方がある。刑法の違法論で法益侵害説（結果無価値論）を採る論者の中には、法益をすべて個々人の利害得失に還元しようとする者もいるが、その場合には、個別的な被害者のいない犯罪は、当然、犯罪カテゴリーから外されることになる。

第二は、刑法における謙抑主義の主張である。刑法は、市民的安全についても、他の社会統制手段が十分でないときにはじめて働くべきものであり（刑法の補充性）、したがって、処罰規定は断片的なものにならざるをえない性質をもち（刑法の断片性）、さらに、自由尊重の建前よりすれば、たとい市民的安全が脅かされ、他の社会統制が十分に効果を発揮しえないとしても、刑法はそれを余さず処罰する必要はない（刑法の寛容性）、とされている。刑法は、社会統制のための最後の、最後の手段である。

第三は、いわゆる「刑罰経済」の思想である。簡単に言えば、刑事手続における人手と財政的負担の軽減を意味する。いろいろな側面があるが、国家的資源をより重大な犯罪のために裂く、刑罰という手段を用いるにふさわしい対象を選択する、交通反則通告制度のように、軽微な違反が広く行われているような状況では、より簡便な対処方法を用いる、薬物犯罪や賭博・売春などの取締がかえって組織暴力団の資金源を太らせる、というようなことのないようにする、などの考慮が必要である。

以上の理論的根拠は、もっともなように見えるかもしれない。われわれの定義によれば、「犯罪とは、社会秩序の維持・実現にとって有害であり、公権力による対処を正当化し得るとされる行為」であった。問題は、非犯罪化の対象として例にあげられた行為の「有害性」と、公権力による介入の「正当性」ということになろう。

わいせつ文書・図画の頒布・販売罪を例に検討してみよう。いわゆるポルノ解禁は、欧米を中心に広がっている。見たい人がお金を出して自由に見る、誰に迷惑をかけるわけではない。どうしてこれを処罰する必要があるのか。性に関して厳しいキリスト教圏で宗教的罪悪感はないのかと思いきや、おそらく宗教と世俗の事は別、と考えているのか、ポルノ産業は盛況である。ポルノを解禁している方が文化的に先進的だと思っている人もいる。では、我が国でポルノを解禁したらどのようなことが起こるか。昭和三二年のいわゆるチャタレー事件に対する最高裁大法廷判決はもう遠い過去の話となり、捜査機関による摘発もほとんどされない状況である。一時期マスコミでも取り上げられたヘアヌード写真集など、あまりにも当たり前になったせいか、もう誰も騒がない。

それでも、捜査機関が一線を画していると見られるのは、性器と性交渉の露出である。ここまで行かなければ本当の意味でのポルノ解禁とは言えないわけで、その意味で日本はまだポルノ解禁国ではない。これを解禁すると、ヘアヌードの時と同じように、一時的には無秩序状態が生じるだろう。いずれ収まるだろうということは、これを経験した国の例で明らかであるが、予想できる無秩序状態を耐えることができるのだろうか。

我が国のマスコミの商業主義的無節操さを前提にして考えなければならないのは、青少年への影響と見たくない人への配慮である。確かに、表現の自由は重要な基本的人権である。しかし、わいせつ図画等の野放図な露出は、民主主義社会を維持するために重要な表現なのだろうか。この場合には、犯罪のカテゴリーに残しておく方が、より多くの国民の利益に資する、と考える方が正当であろう。

ii　非刑罰化

非刑罰化の観念は、「犯罪」につき、刑罰以外の方法をもって対処すべき制度的措置を講じることをいう。「犯罪」が存在することを前提として成り立つ観念である。次のように、行為または行為者の特徴に着目して講じられる。

行為に着目した場合の代表例は、交通反則通告制度（道路交通法一二五条以下）である。一二八条二項には、「前項の規定により反則金を納付した者は、当該通告の理由となった行為に係る事件について、公訴を提起されず、又は家庭裁判所の審判に付されない。」と規定する。駐車違反も速度違反も立派な犯罪である。駐車違反には一〇万以下の罰金（一一九条の三、一項一号）、速度違反には六月以下の懲役又は一〇万円以下の罰金（一一八条一項一号）が法定されている。この制度は、規定されている刑罰よりも安い反則金で迅速に処理するものである。これは、行為者の時間的・経済的負担を軽減するだけでなく、摘発の調整が簡単なので、国家による膨大な事件処理の迅速性・経済性にも貢献している。

行為者に着目した場合の代表例は、少年事件の取り扱いである。すでに何度か触れたように、少年法は、罪を犯した少年であっても、二〇歳未満であれば、原則として、成人と違った取り扱い（少年司法）をすることにしている。比較的重い罪を犯した一四歳以上の少年には、刑事処分相当として検察官送致の決定がありうるが、その数は、全終局処理人員の五パーセントにもならない。最終的に自由刑を言い渡され刑務所に収容される者は、毎年五〇人程度である。

少年の場合に重視されるのは、経済性よりは迅速性と少年の健全育成である。「早期発見早期治療」ということばで言い表されるように、できるだけ早く少年の問題性を見いだし、それを取り除くための処遇を行う必要がある。こうした要請に応えるには刑務所より少年院の方がふさわしい。少年院入院は、入所者から見れば自由の制約を伴う罰であるが、専門的知識をもった教官による教育の場の設定である。

行為と行為者の両方に着目した非刑罰化に、ダイヴァージョン（diversion）というものがある。ダイヴァージョンとはもともと「そらす」という意味であるが、ここでは刑事手続の本来の筋道から枝分かれさせることを指す。その意味では、少年司法もダイヴァージョンの一種であるが、典型的なのは猶予制度である。微罪処分は警察段階で、起訴猶予は検察段階で、執行猶予は刑の宣告段階で、刑の執行に向かって進められる刑事手続を本来の筋道からそらす。仮釈放は満期へ向かって進む刑の執行を停止する効果をもつ。

## 二　刑事政策における「犯罪者」の意義

### (1)　犯罪者とは

犯罪者とは、犯罪をした者である。「犯罪」は、「社会秩序の維持・実現にとって有害であるとされ、公権力による反動を正当化しうるとされる行為」であるから、公権力による反動を受ける者が「犯罪者」なのであり、現行法でその期間は限定されている。つまり、「犯罪者」には始期があり、死刑を除けば終期がある。形式的に言えば、刑が確定するまでは「無罪の推定」を受けるから、まだ犯罪者ではない。刑が確定して初めて、「犯罪者」として「公権力による反動を正当化し得る」対象になるのである。ただし、実際には、犯罪の発生が認識され、具体的に捜査の対象になっている者が、「犯罪者」として扱われることは、長期間逃亡生活を送っていたオウム真理教手配犯を想起すれば明らかであろう。

犯罪をしたものが犯罪者であり、人の類型の中に「犯罪者」という種族がいるのではない、ということは、犯罪学者の中では今や常識である。「犯罪」そのものが一定の行為に対する公権力によるレッテル付けなのであるから、「犯罪者」も公権力によるレッテル付けに過ぎない。公権力が反動を維持し得る状態にある対象者こそ「犯罪者」なのである。始期については述べたが、具体的な終期は、刑の消滅時期と言っていいだろう。つまり、「前科」との関係で述べるように、禁錮以上の実刑に処せられた者は宣告刑＋一〇年（無期刑の者は恩赦による）を罰金以上の刑に処せられることなく経過したとき、罰金以下の場合は同じ条件で五年経過したとき、執行猶予の場合は、猶予期間を無事経過したとき、ということになる。通常、これくらいの期間が経過すれば、法的・形式的な意味でだけでなく、人々の記憶の中でも、「犯罪者」というレッテルは外れるだろう。

さて、問題は、このような法的あるいは学問的説明で人々が納得するか、ということである。どういうことかと言えば、善良な国民の間では、罪を犯す人は、やはり自分たちとはどこか違う特性があるのではないかという疑いがまどろんでいる。このような人々も、自分たちも道路交通法違反はやっているし、自動者運転過失致死傷罪は犯す可能性がある、だから、すでに犯罪者と言えなくもないし、公権力の干渉を受けることはあるかもしれない、という自覚はある。けれども、故意に人を殺したり、傷つけたり、人の物を盗んだりはしない、という確信を抱いてもいる。こういう行為をする人は、やはり自分たちとはどこかが違うのではなかろうか。

こうした問題意識をもって犯罪者研究をしたのが、おそらくロンブローゾだったのではないか。彼については科学主義の説明で触れたが、彼の人類学的な研究のきっかけは、人々と同じ素朴な疑問だったのではないかと思われる。ここでは詳しく述べないが、彼が刑務所に入っている人に独特の身体的特徴や精神的特徴を見いだしたのは、特徴があるはずだというバイアスによるものかもしれない。なぜなら、人は見ようとするもの以外は見えないようにできているから。

ロンブローゾの弟子のガロファロが犯罪を自然犯と法定犯に分類し、自然犯を人間の道徳的感情の根本である憐憫（あわれみ）と誠実という利他的情操に対する侵害ととらえたのも、犯罪者の特殊性が念頭にあったからではないかと思われる。つまり、殺人犯とは憐憫という情操の著しく欠如している者、窃盗犯は誠実という情操の著しく欠如している者である。法定犯は、ある地域や時代によってたまたま社会秩序の維持・実現に有害だと判断されただけで、利他的・道徳的情操と直接関係はない。行政取締法規や経済法規の中には、故意か過失かに関係なく（つまりその者の心理的態度と関係なく）処罰するものもある。

ロンブローゾの「生来性犯罪者」の存在は、犯罪学の分野では否定されている。しかし、今でも、特に、早発性の犯罪者については、芸術やスポーツの分野で天才児童が現れるのと同じように、犯罪の天才と言っていい少年が存在すると信じている者もいる。

犯罪の天才がいるかどうかは別にして、一般の人々より罪を犯す傾向性が顕著な者はいる。前に掲げたアブラハムセンの犯罪方程式は、$C=\frac{T \cdot S}{R}$であった。Tは個人の傾向（これは素質と生育環境によって決定されるだろう）、Ｓは犯行時の状態、Ｒは罪に対する心理的抵抗を表す。Ｒが大きければ大きいほど、罪を犯す可能性は低くなる。それでは、Ｒは、どのようにして獲得されるのだろうか。人の成長過程で、何の作用によってその強弱が決まるのであろうか。

臨床過程における犯罪の概念について述べたところでは、アブラハムセンだけではなくメッガーとレヴィンの犯罪方程式を紹介し、方程式の左辺を犯罪ではなく人間の行動としても、方程式は成り立つ、と言った（レヴィンの方程式では、もともと左辺はＢすなわち人間の行動であった）。つまり、犯罪とは人間の行動なのであった。それなら、「犯罪者」を知りたいと思うのなら、特にＲとの関係で「人間」を知らなければならない。

## （2）情報統合体としての「人」

私は、情報学の学問的成果を参考にして、人を「情報統合体」と言い表した。これからは主に西垣通『こころの情報学』（ちくま新書二〇四）に拠りながら説明していく。

西垣は、ヒトの心をオートポイエーシス・システム（自己創出的体系）と捉える。オートポイエーシス・システムは、もともとはマトゥラーナとヴァレラが対象（ハエ）に対する動物（カエル）の神経系の反応様式を説明する概念として生み出したものである。ヒトの心がオートポイエーシス・システムであるとされるのは、ヒトが環境世界との相互作用の中で、せっせと自らの情報系をつくりかえていくからである。すなわち「脳のなかに記憶されている情報と外界から入力された素情報〈知覚への刺激〉とが相互作用し、そこに〈意味〉のある情報が発現する…。」（九五頁）意味は外部環境に存在するのではなく、素情報をもとに観察者の身体内で発現する、ということである。外部からの刺激に情報的意味を認識するかどうか、あるいはどのような意味を認識するかということは、われわれ一人一人が、成長の過程での学習や経験に基づいて、素情報〈知覚への刺激〉に意味を付与し、そこで蓄積・形成される枠組みによって新たな刺激に対する意味づけを行っていくなかで、徐々に決定されていくことになる。

このようなヒトの心の捉え方はわれわれの経験とも符合する。卑近な例を用いると、たとえば、道端の小さな花に「美」を見いだすかどうかは人によって大いに異なる。初めからその存在にすら気づかずに通り過ぎる人（視覚への刺激が情報に為らない）、それを雑草として取り去る人（雑草という情報）、その名前を想起する人（分類された植物情報）、その美しさに打たれる人（美の発見）等々、さまざまであろう。どのタイプになるかは、その人がそれまでにどのような情報系を心に形成してきたかによって決定される。主体の側に受け入れ態勢ができていない記号列に心の情報系は同調・共振しないからである。つまり、受信・解釈主体が有意味に受け取った刺激のみが「情報」なのである。

西垣は、人の「心は外的世界の客観的実在を直接写す記号表象システムではなく、自分自身を創りだし続ける閉鎖システム」（七八頁）であると言う。意図的な発信がなくても、極端な場合、客観的・科学的には発信自体が存在しなくても、ヒトは「情報」を受け取ることがある。その意味で、情報として意味づけられた刺激は必然的にヴァーチャル・リアリティという性質をもつことになる。しかし、ヒトの心が外的世界の客観的実在を写すものでないとすると、情報に基づく行動は混乱に陥るだけではなく、場合によっては危険を伴うことにならざるをえない。

ヴァーチャル・リアリティと言えば、すぐに思い浮かぶのがコンピュータゲームであるが、この世界では、人は空を飛ぶこともできるし水の上を歩くこともできる。レンガをたたき割っても痛くないし、死んでもすぐに蘇ることができる。ところが、現実世界（リアル）は、上記のような行動とその結果を一切拒絶する。そうした環境世界にあってわれわれの行動の拘束あるいは抵抗となるものを「アフォーダンス」という。

アフォーダンスという術語は、生態心理学者のギブソンが環境と行為との関係を説明する概念として作り出した造語である。したがって、英和辞典には出ていない。affordという単語は、もともと、～する余裕がある、という意味であるが、それが転じてafford A to Bで、BにAを与える、という用い方もある。前記のように、ギブソンは、affordanceに「拘束あるいは抵抗」という意味を与えたが、語源的に言えば、佐々木正人が言うように「環境が動物に与えるために備えているもの」（『アフォーダンス―新しい認知の理論』岩波科学ライブラリー12、六〇頁）と理解することもできる。

簡単な例で示すと、地面は人をアフォードするが雲はアフォードしない。水は蟻をアフォードするが人をアフォードしない。

何が一定の行動をアフォードするのか、動物は本能的に知っているらしいが、ヒトは生得的なアフォーダンス感覚が相対的に乏しいため、自らの行動をとおして認識するか、認識したときにはもう手遅れという事態が起こりかねないケースでは、他者とのコミュニケーションによって情報として学習しておく必要がある。

このアフォーダンスの中には、上記の例のような物理的な意味でのアフォーダンスだけではなく、もう一つのアフォーダンス、すなわち規範的な意味でのアフォーダンスも含まれる。その典型的な例は、罪に対する罰である。他人の物を取ろうとしたときに与えられる叱責や暴力もアフォーダンスであるし、観念的に与えられる「他人の物を取るな」という禁止もそうである。このように、人とは、理念的には、環境世界から整合的な物理的・規範的アフォーダンスを受け取りながら、少しずつオートポイエティック（自己創出的）に自己を形成し、成長していくものなのである。

唐突であるが、免疫システムについての観察（多田富雄『免疫の意味論』青土社　参照）は、ヒトの心のシステムを考える上で重要な示唆を与えてくれる。今日の免疫学では、免疫系は、「非自己」を認識し排除するシステムというよりは、もともと「自己」を認識する機構（T細胞）が「自己」の「非自己」化を監視するシステムと捉えられる（四〇頁）。もちろん、免疫システムは、先天的・後天的不全でもないかぎり生得的なものであるから、「自己」と「非自己」の区別は初めからはっきりしている。それに対して、ヒトの心の「自己」は、まさにオートポイエティック（自己創出的）に形成されるものであるから、「自己」が形成されない場合や、形成されても「非自己」との区別があいまいな場合、つまりアイデンティティが十分に確立されていないケースも出てくる。しかし、「自己」

が確立してしまえば、環境世界のどのような刺激に晒されても、あたかもT細胞が「自己」化した異分子を「非自己」と認識して包み込み排除するように、自己に無意味（価値）あるいは有害な刺激は、一旦は心の情報系に入ってきたとしても、自己本体に影響を与えることなく排除される。ここでT細胞の働きをするのが規範的アフォーダンスであると思われるが、T細胞がその果たすべき機能を胸腺で教育されるように、ヒトの心もアフォーダンスをどこかで習得しなければならない。

## (3) 幼児教育の重要性

今述べたように、ヒトの心はオートポイエティックなものであるから、人は自己の内部に形成された「情報系」に制約されて、新たな刺激（素情報）の中からそれに同調・共振する、必要にして適度な刺激だけを選び出し、その他のものは全く知覚されないか、排除される。ところが、「系（システム）」としての独立性が確立されていない段階で意味の整合性を欠いた多種多様な刺激に繰り返し遭遇したときには、システムを防衛する装置が作動できずに、容易に新刺激の侵入を受けることになる。つまり、心の免疫不全であり、身体で言えばＨＩＶ感染状態、あるいは臓器移植にともなう拒絶反応を抑えるための免疫抑制剤を投与した状態と同じである。こうした無防備な状態にある心に自由に侵入しやすい刺激、逆に言えば、そのような心が同調・共振しやすい刺激は、原始的な欲望を充足させる刺激か、意味の解読を必要としない刺激である。

情報メディアがあまり発達していない時代、子どもは、はじめは家族、とりわけ両親の、そして長じては教師を代表とする学校社会や地域社会の発する情報に接し、ほとんど強制的にその社会に伝統的な記号解釈を義務づけられた。アフォーダンスを心の情報系の要素として取り入れやすい環境にあったと言ってよい。その状況に決定的な変化をもたらしたのは、おそらくテレビの茶の間への進出である。養育者にチャンネルを管理する意識と能力があればまだよい。しかし、多くの場合、子どもは、言語とその規範化された意味を習得する前に、映像（イメージ情報）とその意図的な意味に晒される。その間に言語は習得していくわけであるが、まもなくゲーム機器をはじめとするデジタル情報の渦の中に飲み込まれていく。そうした情報のほとんどは、意味や価値には関係のない消費型情報である。「自己」という情報系が成長のプロセスにある間に家庭・学校・地域社会が防波堤の機能をほとんど営むことができなくなったところでは、子どもたちが真っ先に社会の情報化の波を受けることになり、伝統や慣習に基礎づけられた価値観の形成も、自己のアイデンティティの確立も、非常に困難になってくる。

今日のように、心地よさ・楽しさ・おもしろさなどを内容とする記号が氾濫して、好みの多様性を助長し、他方でそれを根本で支える商業主義的思考やそれをあらわに見せないようにするための装置・制度が発達した情報化社会において、従来の社会に見られるような伝統や文化に基礎づけられた規範が弛緩していくのを止めることは困難である。しかも、家庭は、「包み込む」という働きをもつ母性性の希薄化によって、子どもに「自分が生きている価値が十分あるのだ」ということを自覚させにくくなっており、他方で、「断ち切る」という働きを持つ父性性の衰弱によって、子どもの規範形成機能を十分に果たせない（母性性や父性性は機能の問題であって、女親だから母性性、男親だから父性性をもっているというわけではない）。さらに、学校でも、価値観に対する教師自身の無節操や親の非協力もあってか、規範形成教育は軽視されがちである。そうした中で、子どもたちは、さまざまな情報機器によって、親や教師のスクリーニングを経ることなしに欲望を充足させることの「すばらしさ」を習得することになる。そしてそれに後ろめたさを感じさせないための「個人」「自由」「自己決定権」といった言説を、本来もつ歴史的・文化的意味を切断して喧伝するのが「サイバー商業主義」の戦略である。「個人の尊厳」を口にしながら命の尊さしか教えず、「自由」「自己決定権」を口にしながら「責任」を語らず、「権利」を口にしながら「義務」を語らない、そうした真の含意に言及しない知識人の風潮も、それに一役買っていると言っても過言ではない。

繰り返すが、子どもは情報化のマイナスの影響を最も受けやすい。なぜなら、子どもは、伝統や慣習の拘束力が弱いうえに、感受性が豊か（心の情報系が柔軟）なので洗脳されやすいし、ゲームやインターネットなどの新情報技術に魅力を感じており、ソフトを容易に使いこなす潜在能力をもっているからである。こうして、伝統や慣習に培われていない画一的価値観が青少年を中心に蔓延していく。

ここまで述べてきたことから、情報統合体である人にとって、幼少期に心の情報系を免疫系におけるT細胞のような働きをする「細胞」を含んだものに作り上げることが重要であることが理解されたであろう。必要なのは、外部からの刺激を規範に従うように読み取る能力である。一四歳で神戸児童連続殺傷事件を起こした少年Aは、医療少年院に収容され、医師と看護師のもとで育て直しを受けたという。彼のその後については分からないが、少年は可塑性があるから、まだ「時既に遅し」という段階には至っていなかったのかもしれないが、本来なら、父性性による規範意識の埋め込みは、もっと早い時期に行われるに越したことはない。

この社会には、人々が暗黙に危惧していたように、罪を犯す傾きの強い人がいる。そういう人は、多かれ少なかれ、幼少期の規範意識（規範的アフォーダンス）の取り込みに失敗し、罪の誘惑を排除する心の情報系を構築できなかった者である。生来性犯罪者はいないかもしれないが、後天的には、誰が犯罪者になってもおかしくはない。

# 第五章　刑罰と保安処分



## 一　刑事政策における「刑罰」総論

### (1) 刑罰とは何か

刑罰とは、犯罪に対する非難の意味で行為者に加えられる有権的な法益剥奪である。この場合の「犯罪」は、刑法上の狭義の犯罪、すなわち構成要件に該当する違法かつ有責な行為をいう（法律過程における犯罪参照）。「非難」とは、規範的・道義的責任に対応するもので、するべきことをしなかった、してはならないことをしたことを道徳的に責める。逆に言えば、責任がなければ非難することはできない。刑法上の責任は、行為時における責任能力を前提にした狭い概念なので、是非善悪の判断ができず、あるいはその判断にしたがって行動できないという心理状態であったならば、責任を問えず、したがって非難もできない。

社会的には、心神喪失者でも一四歳未満の少年でも、責任を問う声はあるし非難もある。刑事政策的に見れば、その声は無視できないから、何らかの措置を講じるわけであるが、その措置は刑罰ではない。

有権的とは「権威・権力に基礎づけられた」という意味である。「権威」とは、意味の世界における（最高の）力をいい、「権力」とは、事実の世界における（最高の）力をいう。この場合は、司法機関がそれに当たる。法益は生活利益である。我が国で剥奪される生活利益は、現行法では生命・自由・財産であるが、過去において、身体や名誉もその対象とされていたことはよく知られている。法益剥奪は「害悪」を与えることを意味し、過去の事実（犯した罪）を理由とするという点で本質的に「回顧的」なものである。この点が、後に述べる保安処分と違う。

少し国語的な説明をすると、「刑」は、刀と井（法の意味）の会意文字で、「ただす」「おさめる」の意味である。「罰」は、刀と詈（ののしる）の会意文字で、両方で「ののしる」の意味である。大罪には刑、小罪には罰が用いられた。しかし、我が国では、近世まで「刑」は用いられず、それに代わって「罪」がその意味で使われた（たとえば、死罪）。

刑罰も犯罪と同じように社会現象であるから、その社会の歴史的な変化に応じて変化する。死刑は、これまで一貫して用いられた刑種であるが、地域的にも歴史的にも、使われる頻度は極端に減少している。古代には、ガレー漕船や城塞構築といった奴隷的使役が刑罰として行われたが、その背景には奴隷経済が存在した。逆に言えば、奴隷経済の存在しなくなった国でそのような刑種は存在し得ない。懲役刑は、少なくとも手工業（マニファクチャー）の存在なくしてはあり得ない。罰金刑は、貨幣経済なくしては不可能である。それゆえ、律令制度における五刑（笞・杖・徒・流・死）には、罰金刑は含まれていなかった。

現行法は、死刑、懲役、禁錮、罰金、拘留、科料の六つの主刑と、没収という付加刑をもっている。

## (2) 刑罰の目的と理念

刑罰の目的は、究極的には社会秩序の維持・実現である。刑罰は、犯罪という社会秩序の維持・実現にとって有害な行為に対する対応策として設定されているわけであるから、これは当然のことである。

刑罰の理念というのは、公権力による害悪の付与である法益の剥奪がどうして正当化されるのかという問題である。

i　絶対的応報刑論

一八世紀から一九世紀にかけてカントやヘーゲルによって主張された絶対的応報刑論は、刑罰は罪が犯されたという理由でそれに等しく科せられるべきものであるとし、人を何らかの目的に利用することを忌避した。カントは、国家が解散するような場合でも、その前に死刑囚の処刑をしてからでなければならない、とし、同害報復（タリオ）の徹底を説いた。ヘーゲルの場合は、弁証法的哲学を背景に、刑罰は法の否定の否定によって法を回復させる（簡単に言えば、マイナスとマイナスを掛ければプラスになるというイメージ）ものだと主張した。どちらの場合も、罪に均衡した刑罰を科するのが正義の要請である。

ii　目的刑主義

刑罰は一定の目的を達成することによって正当化される、と考えるのが目的刑主義である。目的刑主義の中には、一般予防主義と特別予防主義がある。一般予防主義は、刑罰予告と実際の刑の執行によって、一般人に広く働きかけ犯罪を予防する、という考え方である。この場合は、刑罰の害悪性を強調することになる。すでに触れた近代刑法学の父フォイエルバッハの心理強制説は、この立場に立つ。想定されるのは快—苦の計算の上で行動を選択する合理的理性的人間であるが、ヘーゲルからは、人を犬のように遇するものだと批判された（威嚇予防）。

一般予防主義の中では、フォイエルバッハのような威嚇予防ではなく、規範予防を強調する考え方もある。規範予防というのは、犯罪に対する反作用として刑罰が働くということを繰り返し示すことによって、人々の規範意識（超自我とか良心といってもよい）に働きかけ、学習させることをいう。遵法意識の高揚という社会教育の一種である。

特別予防主義というのは、犯罪者自身に働きかけることによって犯罪を予防する、という考え方である。働きかける方法はいろいろある。死刑は最も確実な特別予防策である。厳しい刑の執行によって、二度とこういう目には遇いたくないと思わせる（威嚇）、一生刑務所に閉じ込める・無人島に流す（無害化・排外・隔離）というような方法は、古い時代からずっと行われてきた。しかし、特別予防ということが特に主張されたのは、一九世紀の人間行動科学の発展と歩を共にする。応報刑論に対する教育刑論の登場である。

フォイエルバッハ等が抽象的な合理的人間を想定したのに対し、ここでは個別・具体的な宿命論的人間が想定された。このような人間は、皆が合理的判断をできるわけではない。社会適応能力が一人一人違う。ここで、はじめて犯罪の原因ということが意識的に語られるようになった。社会復帰させるには、その原因に働きかけて改善・矯正、場合によっては治療が必要である。フランツ・フォン・リストは、社会防衛のためには、偶発犯罪者・機会犯罪者に対しては威嚇、改善可能な犯罪者に対しては改善、改善不可能な犯罪者に対しては無害化をするべきだとした。

しかし、「科学主義」のところで述べたように、現在の人間行動科学の水準では、再犯危険性の予測は困難であり、処遇効果も、たとえば性犯罪者に対するホルモン剤の投与（カナダなどでは犯罪者の同意を得て、韓国では同意を得ずに実施されている）のように生理に働きかけるものについては、ある程度予測できるが、心理に働きかけるものについては不確実である。

iii　相対的応報刑論

応報にこそ刑罰の正当化根拠があるとする絶対的応報刑主義に対して、応報刑の枠内で犯罪防止の目的を実現しようと考えるのが相対的応報刑主義である。刑罰の目的は、犯罪防止をとおした社会秩序の維持・実現であるから、目的刑主義の考え方を無視することはできない。国家的資源を用いて行う活動においては、合理性の観点からも、目的の実現が要請される。

応報というのは個々人レベルの問題であって、基本的に国家・社会レベルの発想から活動する公権力は、応報に縛られる必要はない。犯罪予防の目的から見て応報の必要がなければ、刑罰を発動しない、ということも十分考えられる。むしろ応報は、人道主義からでる権力発動の制約原理でしかない。

それでもなぜ相対的「応報刑」主義かと言えば、「人間の長い歴史の中で育まれてきた罪と罰の観念は、平均的な国民の道義的確信となっており、…罪を犯した者は法的に報いを受けるべきであるとする法的応報の原理は、依然として国民の法的確信になっている」（大谷實『新版刑事政策講義』一〇七頁）からである。公権力が、この法的確信を満足させつつ犯罪防止を実現するとき、刑罰は正当化される。

これまでに検討してきた主義との関係で触れておかなければならないのは、M・E・マイヤーの分配説である。マイヤーは、刑罰の理念を一義的に決めるのは不可能であり、各国家機関の機能によってそれは異なり得るとして、立法者の刑の法定（法定刑）は応報、裁判官の刑の量定（宣告刑）は法の確認、刑務官の刑の執行（執行刑）は目的刑がそれぞれ理念になっている、と説いた。しかし、法定刑から処断刑を経て宣告刑が導かれ、その一部または全部が執行される、というシステムから見ると、立法の段階から刑の執行の段階まで、それぞれの段階で応報・刑の確認・目的刑の理念が激突し、その中から個別・具体的に選択されるのだと考えるべきである。

たとえば、殺人には、死刑又は無期若しくは五年以上の懲役という法定刑が規定されている。立法者は、この法定刑にどのような思いを込めたか。おそらく応報だけではない。五年の懲役でも法の確認ができ、犯罪予防に十分だというケースがあることを想定している。裁判官とて宣告刑に法の確認という思いだけを込めるわけではない。ただその込めた思いの強さが宣告刑という形で表れたに過ぎない。刑務官の場合は、犯罪予防という思いが一番強くなろうことは想像に難くない。

いずれにしても、刑事政策としてどの理念が選ばれるかは大した問題ではない。要は、社会秩序の維持・実現という目的に向かって、どの理念が有効に機能するかということである。

ところで、刑罰は、法益の剥奪すなわち害悪の付与であるから、謙抑性が要求される。社会秩序の維持・実現にとって有害な行動を抑止する手段としては、民事上の制裁（損害賠償が中心）や行政的制裁や統制（公権力による指導・監督・命令など）があるが、民事上の制裁には、適合しない犯罪類型の存在や実現可能性の点で問題があり（犯人の多くは損害賠償を支払う資力がない）、行政的制裁や統制には、人やお金の面での限界や事前抑止の正当性（児童虐待の事前抑止における親権の剥奪、ストーカー規制におけるプライバシー問題を考えて見よ）の点で問題がある。したがって、一定の有害行動の抑止には、刑法による禁止（命令）と刑罰予告が必要である。

### （3）刑罰の機能

どのような犯罪対策でも、所期の目的に照らして見れば、順機能を営むことも逆機能を営むこともある。医者が薬を処方する場合を思い浮かべて見るとよい。薬には病気の治療という面での有効性と同時に、別の病的症状を引き起こす副作用が必ずある。比較的副作用が少ないと言われている漢方薬でも、何らかの副作用はある。臓器移植の際に必ず使われる免疫抑制剤は、ＨＩＶに罹ったのと同じ状態を引き起こす。それでも、一定の薬を処方するということは、病気に対する有効性が副作用に勝るからである。副作用があるから薬ではない、などと愚かなことを言う人はいない。

刑罰にも、社会秩序の維持・実現という究極目的から見て、順機能と逆機能がある。公権力は、そのことを承知のうえで、犯罪と犯罪者に応じた刑罰を準備し、用いているはずである。

順機能としては、報復機能、一般予防機能、特別予防機能をあげることができる。刑の執行によって、社会一般の具体的犯罪に対する公憤を沈静させ、被害者（遺族）の受けた精神的苦痛を緩和させ、公権力に対する社会的信頼感を高める、というのが報復機能である。社会の多くの人々が、正義は実現された、という実感をもつ。

一般予防機能については、死刑にこれがあるかどうかがよく議論される。フォイエルバッハが考えたように、人は刑罰予告を頭にいれて行動を選択するのかどうか。裁判でも、計画性が争点になり、彼が想定した合理的人間は重く処断される。しかし、激情に駆られて犯罪に走る者も決して少なくはない。快―苦の計算以前の問題である。また、刑罰があるから罪を重ねる、あるいは重い罪を犯す、ということもある。

ならば刑罰予告は必要ないかと言えば、必要ないという人はまずいないであろう。善良な市民が罪を犯さないのは、刑罰予告に反応してということではないだろうが、刑罰予告と実際の刑の執行が反対動機を形成する、というメカニズムは、証明抜きで承認しなければならない、そういう心性をわれわれはもっている。

特別予防機能については、刑の種類によって違いがある。死刑が特別予防機能を果たすことは確実である。罰金や科料がこの機能を果たすかどうか。刑の執行が、通常一時的なこの刑種では、「喉元過ぎれば熱さ忘れる」のことわざどおり、あまり効果はないようにも思われる。しかし、この金銭刑の何よりの強みは、その執行の簡便さであり、そのためにこの刑罰は多用されている。

自由刑、特にその中でも圧倒的多数を占める懲役刑の特別予防機能は、再入受刑者が五割を超すという現実をどのように捉えるかにかかっている。これらの、特に累犯性の高い財産犯、性犯罪者、覚醒剤事犯に、自由刑は本当に有効と言えるのか。財産犯（少額の窃盗や詐欺）には高齢の累犯者も多い、ということを考えると、本当は、生活保護を与え老人ホームへの入所を促進する方が有効なのかもしれない。性犯罪者の中には自分の性欲の強さに悩む者もいるということだから、本当はホルモン療法を施した方がいいのかもしれない。覚醒剤事犯の多くが、薬を断てているのは刑務所にいるからであって、社会へ復帰したときに薬の誘惑に勝てる自信はない、と言う。本当は、専門施設でカウンセリング療法でもした方がよいのかもしれない。

こうして見ると、自由刑は無害化以外に何ができるのか、ということになる。一般社会の人々は、刑務所は罰を与える所だと考えている。そして、罪を犯したからには当然罰が与えられなければならないとも。いくら有効な方法があったとしても、このような法的確信を無視することはできない。無害化以上のことは望外の効果と見る方が現実的である。

刑罰が逆機能を営んでしまうことは、無論ある。死刑は、受刑者の英雄視を生み出すことがある。イエス・キリストの処刑と復活がなければ、キリスト教は世界宗教にはなっていなかったかもしれない。ローマ帝国でキリスト教が国教になるまでには、たくさんの血が流された。次元は違うかもしれないが、松本智津夫が処刑されれば、旧オウム真理教の麻原信仰はさらに強まるだろうとも言われている。

自由刑は社会からの隔離を内容とする刑であるから、不利益は、受刑者やその親族の個々人レベルにおける経済的・精神的損失に止まらない。国家・社会レベルにおいても、悪風感染（刑務所が犯罪の手口を習得する学校になってしまう）の虞れだけでなく、再犯の可能性を心配しなければならない。なぜなら、受刑者は、釈放されればされたで「務所帰り」というレッテルを貼られて、善良な市民からは白眼視され、就職や結婚にもハンディキャップを負い、そのような社会からの排除が再び犯罪へ走らせる原因になるからである。その点金銭刑は、労役場留置にならなければ、弊害の少ない刑種である。この刑は、特別予防効果よりも犯罪処理の側面が持ち味であるから、それだけ受刑者にとっても公権力にとっても使い勝手のよいものになっている。

各刑種の機能については、それぞれの項で再論する。

# 二　死刑

## (1) 死刑総論

死刑は、受刑者の生命を剥奪する刑罰であるから極刑と呼ばれる。歴史的には、身体刑と並んで最も古い刑種であり、一九世紀まで長い間、刑罰の中心であった。しかし、啓蒙主義が唱えられるようになってから、その使用は徐々にではあるが減少し、今や、根絶の方向にあると言ってよい。

我が国では、世界に類を見ない展開を示した。奈良時代にできた律には死罪が規定されていたが、仏教におけるあわれみの思想と怨霊思想の影響で、嵯峨天皇の弘仁九年（八一八年）から後白河天皇の保元元年（一一五六年）まで約三四〇年にわたって国家的な執行はなかった。その後武士の時代になって、死刑は主要な刑罰となり、特に、安土桃山時代の後半から江戸時代にかけて行われたキリシタンに対する処刑は、峻烈を極めた。明治時代以降は執行方法を絞首に絞った。執行数を大まかに見ると、明治時代前半の死刑の執行数は三桁、明治後半から大正を経て昭和三〇年代までは二桁、その後今日に至るまでは、多少のでこぼこはあるが一桁である。実際の執行は、法務大臣の考え方によって左右されるが、厳罰化傾向によって死刑判決が増えている割りには執行数が少ないので、刑の確定した死刑囚の人数は増加している。

## (2) 現在の死刑制度

i　死刑犯罪

現在、法定刑で死刑が規定されている犯罪は、刑法犯で一二種、特別法犯で五種の計一七種である。刑法犯は以下のとおり。

国家の法益に対する罪：内乱罪（七七条一項一号）、外患誘致罪（八一条）、外患援助罪（八二条）

公共の法益に対する罪：現住建造物等放火罪（一〇八条）、激発物破裂罪（一一七条一項）、現住建造物等浸害罪（一一九条）、汽車等転覆致死罪（一二六条三項）、往来危険による汽車等転覆致死罪（一二七条）、水道毒物等混入致死罪（一四六条）

個人の法益に対する罪：殺人罪（一九九条）、強盗致死罪（二四〇条）、強盗強姦致死罪（二四一条）

特別法犯では、爆発物使用罪（爆発物取締罰則一条）、決闘致死罪（決闘罪に関する件三条）、航空機強取等致死罪（同処罰法二条）、航空機墜落等致死罪（航空危険行為処罰法二条三項）、人質殺害罪（人質強要行為等処罰法四条一項）に対して死刑が規定されている。

聞き馴れない罪がいくつも出てくるが、実際に死刑判決が言い渡される罪は、放火罪、殺人罪、強盗殺人罪くらいである。上記の中で、法定刑が死刑のみの罪（絶対的死刑犯罪という）は外患誘致罪だけで、他は無期あるいは有期の自由刑との選択刑になっている。昭和四九年の改正刑法草案では、絶対的死刑犯罪を廃止し、国家の存立に対する罪と故意の殺人の場合だけに死刑を限定したうえで、死刑の適用を抑制する、という方針が示された。

ii　死刑の適用制限

少年法五一条一項が「罪を犯すとき一八歳に満たない者に対しては、死刑をもって処断すべきときは、無期刑を科する。」と規定していることは、光市母子殺害事件の犯人が一八歳一カ月のときに事件を起こしたことで有名になった。この年齢は、もちろん暦年齢であって精神年齢ではない。しかし、たびたび裁判では、被告人が通常一八歳以上の者と同程度の精神的成熟度に達していたかどうかが議論され、死刑か無期懲役かの分かれ目になる。現に、光市の事件では、一審、控訴審が否定的な見解をとって無期懲役を言い渡し、再上告の際の最高裁判事の一人も死刑判決には躊躇を示した。

同じように、精神的成熟度が議論されたのが、かの有名な永山事件である。永山が四人を射殺したのは一九歳七カ月までであった。光市事件の犯人の場合は、母親の自殺と父親からの暴力が正常な精神の発達を妨げたものとして取り上げられたが、永山の場合は、父母に遺棄され学校にもほとんど行けず極貧のうちに成長したという点が考慮されるべきかどうか議論の対象になった。控訴審はこうした事情を汲み無期懲役を言い渡した。

量刑不当を理由に控訴審判決を破棄した最高裁が示した死刑適用基準が、現在でも使われている「永山基準」である。「死刑制度を存置する現行法制の下では、犯罪の罪質、動機、態様ことに殺害の手段方法の執拗性・残虐性、結果の重大性ことに殺害された被害者の数、遺族の被害感情、社会的影響、犯人の年齢、前科、犯行後の情状等各般の情状を併せ考察したとき、その罪責が誠に重大であって、罪刑の均衡の見地からも一般予防の見地からも極刑がやむをえないと認められる場合には、死刑の選択も許されるものといわなければならない。」

ここには「特別予防の見地」が掲げられていない。このこととの関係で、裁判官が刑の宣告時によく触れるのが「更生可能性の有無」である。永山基準では、おそらく、「更生可能性のない者はいない」あるいは「神ならぬ人に更生可能性など判断できない」というつもりで、この点に触れられていないのではないかと思われるが、最近の裁判官は、死刑を言渡す際に「更生可能性なし」ということばをよく用いる。死刑の適用は、判決時に得られている情報で判断すべきものであるから、永山基準のスタンスの方が正当である。

執行上の制限については、次の三点を指摘しておく。一つは、「併合罪のうちの一個の罪について死刑に処するときは、他の刑を科さない。ただし、没収は、この限りでない。」（刑法四六条一項）二つは、「二以上の主刑の執行は、罰金及び科料を除いては、その重いものを先にする。」（刑訴四七四条前段）三つは、死刑の言渡を受けた者が心神喪失の状態にあるとき、また、女子が懐胎しているときは、法務大臣の命令によって執行を停止する（四七九条一項二項）。心神喪失状態にあるものを処刑しないのは、刑の意味を理解できないからであり、懐胎中の女子を処刑しないのは、胎児の命を奪わないためである。

iii　死刑執行の手続および方法

死刑は、判決確定の日から六カ月以内に執行されなければならない。ただし、再審や恩赦の請求がなされ、その手続が進行中の場合や共同被告人に対する判決が確定するまでの期間は、その六カ月に算入されない（刑訴四七五条）。つまり六カ月を超えて執行を待つ。執行は法務大臣の命令によるが、実際には、六カ月以内に法務大臣が執行命令書にサインすることはなく、最も期間が短かった宅間守（大阪教育大付属池田小学校の児童八人を殺害し、本人が早期の執行を望んでいたと言われる）のケースでも一年弱かかっている。判決確定から執行までの平均期間は七年を超えている。法務大臣が執行書にサインしたならば、五日以内に執行しなければならない（刑訴四七六条）。

法令上の根拠があるわけではないが、執行は当日言い渡されるので、確実に執行のない日曜日、土曜日、国民の祝日、一二月二九日から一月三日まで（刑事施設・収容者処遇法一七八条）しか、死刑囚は不安なく朝を迎えることができない。死刑の「純化」ということを考えるならば、この苦痛は余分な不利益である。

死刑は、拘置所の刑場で、絞首により執行される（刑法一一条）。執行の言渡しから処刑までは、わずか一時間で、この間に、希望すれば遺書を書いたり教誨を受けることができる。それから、手錠をはめられ目隠しをされ、一メートル四方の踏み板の上に立たされた後、足を縛られ、直径三センチほどのロープが首にかけられる。三人の刑務官が一斉にボタンを押すと、そのうちの一つに連動して踏み板が落ち、死刑囚の身体は地下に宙づりになる。絞首刑と言っても窒息死ではなく、首の骨が折れることによる縊死である。二〇分つるした後、医師が死亡を確認し、さらに五分間おいてから縄を解く（一七九条）。

なお、詳しくは、読売新聞社会部『死刑』（中央公論新社）を参照のこと。

死刑は、密行される。すなわち、検察官、検察事務官、刑事施設の長またはその許可を受けた者のみが立ち会うことができる（刑訴四七七条）。法務大臣でさえ立ち会いには許可がいるし、実際に立ち会ったのは千葉景子しかいない。刑場そのものがマスコミに公開されたのは、彼女が法務大臣のときが初めてであるし、処刑された死刑囚の氏名・罪名・執行場所を法務省が公表するようになったのは、平成一〇年代の後半である。アメリカのように、被害者遺族の立ち会いを認めたり、中国や北朝鮮、アラブ諸国の一部のように公開処刑をするところもあるが、公開は、人道主義の理念にも、相当性や補充性にも反する。

## (3) 死刑存廃論

i　存廃論の現状

犯罪の現状と死刑制度の現状を踏まえて、この制度はもう廃止してもいいのかどうか。死刑制度の廃止は、実は、簡単にできる。刑事政策には法律主義の要請があるから、死刑に関する法規定を全廃すればいいのである。イギリスでもフランスでも世論の動向に反して、立法府が死刑制度の廃止に踏み切った。我が国でも、両議院の議員のうち二〇〇人以上が死刑廃止論者であることが分かっている。法務省も、死刑の存廃について勉強会を開いていて、それが、法務大臣がちっとも死刑執行書にサインしない理由とも取られている。

死刑制度の廃止は世界の趨勢である。欧州はベラルーシを残して全廃状態。廃止しなければEUに加盟できない。中南米でもほぼ廃止。いわゆる先進国で死刑を存置しているのは、日本とアメリカだけになった。こうした中で、国連は一九八九年一二月一五日の総会で、「死刑廃止をめざす市民的および政治的権利に関する国際規約第二選択議定書」を、前例に反して多数決で採択した（いわゆる「死刑廃止条約」）。国連もアムネスティーインターナショナルのような国際的人権保護団体も、日本政府に対してさかんに死刑廃止を働きかけている。

どこの国でも、おそらく、世論は善良な市民（犯罪被害者になることはあっても加害者にはならないと信じている）の意見を代表しているから、死刑制度には肯定的である。今は死刑を全廃したイギリスでも、一九九〇年代にはたびたび死刑復活法案が議会に出された。死刑がなくても社会が安定していて、取り立てて凶悪犯罪が頻発するわけではない国の国民は、死刑の復活には積極的ではないかもしれないが、我が国の世論調査では、八〇パーセント以上の国民が死刑制度の存置を支持しており、国民の多くが、落ち度のない人を二人以上殺せば死刑と信じて疑わない。日本政府も、この国民世論を死刑存置の主な理由にあげている。

ii　存廃の是非

次に、死刑制度を存続させることの是非を、さまざまな観点から見て行くことにする。

①　宗教的・人道的見地

宗教はもともと「疑わしきがゆえに我信ず」という領域であるから、正しいか誤りであるかの客観的判定はできない。信仰の問題である。人道主義についていては、指導理念のところで触れたが、その内容は、結局、「人を人にふさわしく遇しましょう」というしか答えようがなく、すぐに「人にふさわしいとはどういうことか」、という問が出てきてしまう。感覚的には何となく分かるのだけれど言語化のむずかしい観念である。そこで「人の道」とは何かを考えた。ただし、「人の道」にはずれているかどうかを客観的に測る尺度があるわけではない。

死刑は人の命を奪う刑罰であるから、「生命の尊厳」の思想については、検討しておく必要があるだろう。生命科学は、神の領域ではないか、というところまで進歩し、体外受精は今や当たり前の技術になっている。したがって、代理出産まで可能になった（日本では認められていないが）。また、倫理的な問題から各国で禁止する法律まで制定されているヒトクローンも、技術的には可能であるらしい。しかし、どんなに発達した生命科学でも、生命それ自体は、ウイルスのような極小生物でも作れない。生命は、それくらい掛け替えのない存在である。

「生命の尊厳」は、上記の認識からすると、人の生命にだけ適用されるものではないはずである。上座部仏教の僧侶は、どんな小さな虫でも踏み潰すことがないように、裸足で歩く。しかし、われわれは「害虫（獣）の駆除」という。生命の尊厳は、頭の中では全生命に共通であると解っているはずなのに、家族同然のペットは別にして、人以外の生命に対する尊厳性はほとんど感じていない。

これには宗教の影響もある。ユダヤ教・キリスト教・イスラム教という旧約聖書を啓典としている宗教には、創世記の天地創造の神話がある。神は最後に（六日目）人を作り、五日目までに創造したすべてのものの利用を認めた。人以外の生物を、人は自由に利用・処分することができる。余談であるが、天地創造の神話が信じられたからこそ、ヨーロッパのキリスト教世界で科学技術は発展したのである。

それでは、これら啓典宗教が「人」の命をいとおしんできたかというと、そうでないことは歴史を見れば明らかであろう。キリスト教は特にひどい。聖地エルサレムを異教徒（イスラム教徒）から奪還するといって十字軍を派遣し、新大陸では、スペイン人もアメリカ人も原住民を虐殺した。カトリックとプロテスタントの間では、つい最近の北アイルランド紛争に至るまで、いくたびも戦争が勃発した。これらの宗教は、異教徒ならば殺してもいいと考えていたらしい。原子爆弾をドイツにではなく日本におとしたのも、このことと無関係ではなかろう。「生命の尊厳」など風前の灯火である。これも余談であるが、キリスト教徒が、鯨やイルカの命を強引とも思える方法で守ろうとする一方で、牛・羊・豚などを平気で殺すのを、日本人は理解しがたい。

いずれにせよ、「生命の尊厳」の思想に関して言えることは、人間中心主義的な考え方に加えてご都合主義的な考え方が横行しているということである。人工妊娠中絶に関しては前に述べたとおりである。さて、殺人者の生命の尊厳如何。

もう一つ、これは憲法一三条の要請でもあるので触れておかなければならないのは「個人の尊厳」の思想である。個人は「かくここに存在しているという理由だけで限りなく貴い」という思想を、われわれは共有しているであろうか。

作田啓一は、個人主義の中核には人格の尊厳があるとした上で、人格の尊厳という観念の「十分条件は彼岸にある超越的存在との交わりである。」と述べ、さらに続けて、「人格は尊敬に値するという命題の成立する究極の根拠は、それが彼岸の超越的存在と深くかかわっているという点にある。それゆえに、人格の尊厳の観念はストア派においてよりもキリスト教においてのほうがより鮮明であった。宗教改革によって聖職者と俗人の区別がなくなった時、神との接触を専門とする聖職者がいだいていた人格の尊厳の観念、人はすべて神の愛に照らされている限り尊敬に値するという観念が、俗人にも共有されることになった。」（『個人』三省堂　三六頁）と説いている。

つまり、人は、一人一人が直接、平等に神の愛に満たされている、というプロテスタントの思想なくして、個人主義も個人の尊厳もない、ということである。なるほど、憲法一三条がアメリカ独立宣言に出てくる文言と瓜二つなのは、日本国憲法がアメリカ人によって作られたのだから頷ける。キリスト教徒でない日本人にこの観念が共有されうるものであるかは疑わしい。それでは、日本人の個人の「掛け替えのなさ」の感覚はどこからくると考えたらよいのだろうか。

われわれは、見ず知らずの人の存在について無頓着である。孤独死や孤立死が報じられても、そうはなりたくないと思うだけで、死者への痛切な憐憫の情は沸いてこない。電車の中で化粧をしている女性にとって、他者は存在しない。乗客は、ただ車窓の景色の中に溶け込んでいるだけである。化けるところを意識的に「人」に見せるのは、それを仕事にしている人だけであるから。ただ、例外もあると思うが、大多数の人に賛成してもらえると思うのが、親の子に対する愛である。子は親にとって、身代わりになって死んでもいい、おそらく唯一の存在である。まさに「掛け替えのない」存在だと言える。

しかし、この観念を適用できるのは、二者関係においてのみである。加賀乙彦のように、死刑囚正田明と密接な二者関係を築いた人が、「掛け替えのない」命というのはよくわかる。それに対して、死刑廃止運動をしている人が、キリスト教徒でもないのに「個人の尊厳」を口にしたとすれば、それは、「個人の尊厳」の政治的利用でしかない。

人道的見地ということで付け加えなければならないのは、死刑の残虐性である。憲法三六条は残虐な刑罰を禁止している。死刑と憲法との関係については、また後で述べることにして、ここでは残虐性ということだけに触れておく。

死刑は、通常、「死にたくない」人の命を奪うものであるから、少なくとも多くの人が進んでそれに関与したいとは思わないし、ましてや執行を見たいとも思わない。だから処刑は密行される。その意味では、死刑は残虐な刑罰と言えるかもしれない。しかし、「残虐」ということばは感覚的な印象を示しているだけで、そもそもすべての死刑が残虐なのか、「殺し方」によっては残虐でない場合があるのか、微妙である。

後者の場合、一瞬で少なくとも肉体的な苦しみを与えずに絶命させるのが残虐でないというなら、そのような方法には研究の余地がある。外見上の嫌悪感が残虐性の基準とするなら、残虐でない処刑方法として薬物注射のようなものもある。大阪地裁は二〇一一年一〇月三一日、大阪パチンコ店放火殺人事件で争われた死刑の残虐性について、絞首刑は絶命まで二分以上かかる場合があり、頭部離断の可能性もあることを認めつつ、「死刑に処せられる者は、それに値する罪を犯した者である。執行に伴う多少の精神的・肉体的苦痛は当然甘受すべきである。」と判示した（堀川恵子「絞首刑は残虐か（下）」『世界八二七号』一二八頁参照）。

### ②　刑罰「適性」の見地

#### 1　社会契約論との関係

チェザーレ・ベッカリーアは、社会契約論と功利主義の立場から、死刑廃止論を唱えた。功利主義の観点については、死刑の一般予防効果のところで論ずることにして、ここでは社会契約論の観点について述べる。

ベッカリーアは、「主権と法律は各個人が社会に譲渡した個人的自由の最小限の割合の総体以外の何ものでもない。」とする一方で、「人間は自分勝手に自殺することは許されないというもう一つの原理」を持ちだし、したがって、国家は、命の犠牲を譲渡されてない以上、人の命に干渉することはできない、という結論に達した（佐藤晴夫訳『ベッカリヤの「犯罪と刑罰論」』矯正協会一三一頁参照）。彼の場合には、自殺を大罪とするキリスト教の影響を強く受けていると思われる。

しかし、社会契約論は公権力の正当根拠にしか過ぎない。存在根拠との関連では、萱野稔人の次の指摘が参考になる。すなわち、「死刑とは、国家による合法的な暴力行使のひとつの極限的なあり方である。…国家は、合法的な殺人を行う権利をもつと同時に、殺人を合法的なものと違法なものに分割する権利をもつ。これら二つの権利が共に国家に属しているということが、死刑という殺人の合法性の基礎にある。」（『国家とはなにか』一九―二一頁）もちろん、すでに述べたように、この背景には、国家のもつ絶対的な暴力の優位性がある。

また、必ずしも自殺を罪悪視していない（刑法学説でも「自殺に違法性はない」というのが多数説である）我が国で、ベッカリーアのような立論をすることはできない。

生命の尊厳との関係で述べると、自殺という装置は、すでに「食物連鎖」の中に組み込まれている。つまり、「他を生かすために死ぬ」という仕組みである。「食物連鎖」では、人は頂点に立っているから、他の生物を生かすために死ぬ、ということはないが、「他者を生かすために死ぬ」ということは、倫理的にもむしろ称賛されるべきことである。十字架上のイエスは、全人類の罪の贖いとして、自ら進んで死に赴いたとされているし、ソクラテスは、法を生かすために毒杯をあおいだ。そんなに崇高でなくても、親が溺れかけている子を救うために、泳げないのも忘れて飛び込んだなら、それは人の心を打つ。

## 2　法律による殺人の禁止と法律による殺人（死刑）の矛盾

これは、死刑廃止論者の指摘するところである。これに対する反論は、すでに上記の萱野の記述の中にある。これは、全く矛盾ではない。もしこれが矛盾だとすると、逮捕・監禁を禁止している刑法の規定と自由刑の執行も矛盾だということになるし、強盗や恐喝を禁止している刑法の規定と財産刑も矛盾だということになり、およそ刑罰制度自体が許されないことになってしまう。刑罰は、犯罪者の行為を非難するだけでは足りず、それを具体的・感銘的に示す要素（体素と言ってもいい）を必要とする。刑罰制度の存在自体を否定するのでないとすれば、法益剥奪という害悪の存在も認めざるを得ない。

死刑は、矛盾するどころか、殺人の禁止という規範が絶対的なものであるということを示すためには、論理的に必要でさえある。もし殺人に対して死刑がなくもっと軽い刑で済むのだとすれば、殺人の禁止はその程度の規範だったということになってしまう。この規範の絶対性を保証するのが、ほかならぬ公権力である。

### 3　憲法との関係

憲法の条文で死刑に関係するのは、九条、一三条、三一条、三六条であろう。

九条は、言うまでもなく戦争放棄の規定である。戦争は、間違いなく、殺し合いであるから、戦争放棄が意味しているのは、国家は、殺し合いをさせない↓人の命に干渉しないということである。もっとも、自衛戦争は認める、ということになれば、国家の存立のためなら命の犠牲はやむをえないということになる。

一三条は、生命等の国民の権利については、立法その他の国政上最大の尊重をすると規定し、個人の尊重を謳っている。しかし、「公共の福祉に反しない限り」という条件付である。さてそこで、死刑は公共の福祉に当たるのかが問題となる。死刑が犯罪予防機能を備えていれば、公共の福祉に役立っていると言ってもよい。死刑の特別予防機能は絶対的なので、問題は一般予防機能の方であろう。

これについては、後に詳しく述べる。

三一条は、技術的な条文解釈としては死刑に肯定的である。「何人も、法律の定める手続によらなければ、その生命…を奪はれ」ない、という規定は、反対解釈という理論解釈を行えば、「法律の手続によれば、生命…を奪はれ」ると読めるからである。ただし、論者の中には、このような国民に不利益な反対解釈をすべきでなく、次の三六条を優先的に適用すべきだとする者もある。

三六条には、宗教的・人道的見地からの検討で触れた。最高裁は、二度にわたる大法廷判決（最大判昭二三・三・一二、最大判昭三〇・四・六）で、絞首刑の残忍性を否定している。その後、これらの判例が踏襲され、前記の大阪地裁判決に至るわけである。

4　一般予防効果との関係

死刑の一般予防効果を検証するためには、廃止実験が必要かもしれない。もし、社会的・経済的諸条件に継続性のある社会で、死刑を廃止したところ凶悪犯罪が頻発するようになった、ということであれば、なるほど死刑には一般予防効果があったのだと確認できる。ただ、デュルケームが指摘したとおり、社会には必ず一定の犯罪が起きる。その中には、当然、凶悪犯罪も含まれよう。死刑廃止と凶悪犯罪の発生に有意な因果関係があったかどうかは、必ずしも明らかではない。少なくとも死刑を廃止したヨーロッパ諸国の様子を長いタイムスパンで観察したところでは、凶悪犯罪の増加はない。

アメリカにおける研究では、一般予防効果に肯定的なものと否定的なものがある。

個別的具体的に、存置国なら死刑に相当する罪を犯した者に一般予防効果がなかったことだけは確かである。このような者の中には激情的殺人者（心理強制説の妥当しない者）や死刑覚悟の犯罪者（心理強制説を逆手にとる者）もいる。また、死刑があるから殺人をする者もいる（犯罪の発覚を恐れての殺人、死刑志願者、権力への報復テロ）。しかし、死刑相当犯罪をしなかった者が死刑を恐れてなのか（威嚇予防）、それとも、そのような罪を犯すことがいけないことだと学習してのことなのか（規範予防）は分かりようがない。

ベッカリーアは、前著の中で、「犯罪に対する最も強力な歯止めは、ある一人の悪党の死刑という恐ろしいがしかし一時的な光景ではなくて、牛馬同様に酷使され、損害を与えた社会に対してつらい労役によってその償いをしている、自由を剥奪された人間の長い持続的ないましめの見本なのである。」（一三三頁）と述べている。この叙述には、もちろん、時代的な制約がある。しかし、これは、死刑より一般予防効果のある刑罰がある、ということを示しているだけで、死刑に一般予防効果がない、ということを論証したことにはなっていない。

死刑も含めて刑罰一般に一般予防効果がない、ということになると、刑事司法体系の存立そのものの正当性が疑われることになる。平野龍一が指摘したように、刑事司法はかなり不確かなことをやっている、という認識はもたなければならないかもしれない。しかし、われわれの思考回路は、罰を恐れるがゆえに罪を犯さない、という一般的な前提に肯定的である。死刑の存在によって救われている命もあると考えるべきである。

### 5　誤判の虞れとの関係

誤判の虞れは死刑廃止論の最も強調する論点である。人間は、誤りを犯す不完全な動物である。それを言うなら、刑事裁判も刑罰もみんな止めなければならないのではないか、という反論があることを当然予想して、論者は、他の刑罰とは違い、死刑の場合は処刑後誤判であることが判明しても取り返しがつかないと言う。

それならば、宅間守のような現行犯や、取調中にも法廷でも犯行を自認している者だけを死刑にすれば誤りはないわけであるから、誤判の虞れは死刑制度そのものの廃止根拠にはならないのではないか、という存置論者からの批判もありうる。また、それほど誤判を恐れるのであれば、供述の信用性を高めるためにウソ発見器を使ったり自白剤を投与するのも一考に値するのではないかという意見もありうる。

確かに冤罪処刑によって迎えなければならない死は、理不尽な死である。個々人レベルの発想では、あってはならない。しかし、世の中には理不尽な死がいくらでもある。何で自分がこの時にこのような死を受け入れなければならないのかと煩悶する者、あるいは煩悶する間もなく命を落とす者は、冤罪処刑を受けた者だけではない。犯罪被害者の中にも、天災被災者の中にもいることだろう。人間には、理不尽な死を一掃する能力はない。

ここで援用するのは不謹慎だというお叱りを受けるかもしれないが、刑法には「許された危険」の法理がある。岡野光雄によれば、「許された危険とは、たとえば、高速度交通機関、土木建築事業、医療行為のように、その性質上法益侵害の危険を伴うものであるが、その社会的有用性と必要性のために許されている危険をいう。危険であるとの理由でこれらを全面的に禁止すれば、社会生活は完全に麻痺状態に陥ってしまう。そこで、危険を承知のうえでこれを是認せざるをえないのである。」（『刑法要説総論〔第二版〕』一四八頁）

飛行機でも電車でも、ちょっとした整備ミスや運転ミスで事故が起きれば、一度に多くの人命が失われる。年間の交通事故死者数は、減少傾向にあるとは言え五千人を超える。しかし、飛行機・電車・車、これらがなければわれわれの社会生活は成り立たない。外科医も危険を承知で手術に立ち向かわなければならない。

死刑制度の場合は、なければ社会生活が成り立たない、というような存在ではないかもしれない。ただ、死刑制度の誤用によって失われる命とその存在によって救われる命を較べて後者が断然多いという社会的有用性が認められるようであれば、この法理の援用も、お門違いとは言えないであろう。

法律上、刑事司法制度は、憲法の被疑者・被告人保護条項や刑事訴訟法の証拠法則などによって冤罪を防止するようになっている。しかし、運用を見ると、「強制、拷問又は脅迫による自白、不当に長く抑留又は拘禁された後の自白」（刑訴三一九条一項参照）の証拠能力の否定は、取調の可視化への消極姿勢から疑問がもたれるし、「無罪の推定」も、犯罪報道への捜査当局の積極的な係わり方から見ると絵にかいた餅でしかないし、「疑わしきは被告人の利益に」も、有罪判決に多数決が用られているる点で本気度に疑問符が付く。つまり、法律の理想はともかく、運用は、本気で冤罪を防止するようにはなっていないわけである。筆者が、冤罪は「想定内」であると述べた理由はここにある。冤罪の忌避は何も死刑だけの専売特許ではないが、誤判の虞れに基づく死刑廃止論を唱える前に、まずは冤罪が「想定内」などと揶揄されないような運用に改める必要がある。そうなってはじめて刑事司法が「人事を尽くして天命を待つ」制度に生まれ変わるはずである。

③　その他の考慮すべき問題点

法定刑から死刑を取り除くということは、裁判をすれば、どんなことをした者であろうが命だけは保証することを意味する。このことは、直接・間接にいくつかの問題点を浮かび上がらせる。

第一に、命を賭けて犯人を逮捕しようとする警察官の命は保証されないのに、警察官の命を奪った犯人の命は保証される。日本では、現在、死刑制度が存置されているために、警察官は、凶悪な犯人でも命懸けで生きたまま逮捕しようとする。しかし、裁判をしても絶対に死刑になることがない、という状況で、警察官は、今まで通りのスタンスを維持できるのであろうか。死刑が廃止された場合に、警察官の心情として、アメリカのように、いわゆる現場処刑という方法が取られる危険性はないのか、危惧される。

第二に、人における「影」の問題との関係である。「影」とは、分析心理学者C・G・ユングの用語法で、彼の定義によれば、「影はその主体が自分自身について認めることを拒否しているが、それでも常に、直接または間接に自分の上に押しつけられてくるすべてのこと―たとえば、性格の劣等な傾向やその他の両立しがたい傾向―を人格化したものである。」死刑との関連で言えば、ローレンツの「攻撃性」や、すでに紹介した時実の「殺しの心」がこれに当たる。

普通の生活で、われわれは自分に「攻撃性」や「殺しの心」があることを意識していない。それは、一般的には好ましい傾向ではないから、意識の内部に抑圧しているのである。しかし、それらは決してなくなっているわけではないから、圧力が膨張してくれば、いつどこで爆発するかわからない。そこで人間は、抑圧したものを社会生活にとって不都合でない方法で発散している。これらが代償として顕在化したものが、たとえば、暴力的なゲーム・映像・小説、あるいはスポーツなどである。また、最も現実化した形が戦争である。

我が国は、「影」を現実化する一方法として死刑制度を存置している一方、一九四五年の第二次世界大戦終了後、どこの国とも戦争をせず、他国人を一人も殺さず、武器の輸出もしていない。ところが、死刑を廃止して人道主義先進国づらをしている欧州諸国が、戦争をし、武器を輸出し、他国人を直接・間接に殺害していることはよく知られているとおりである。どちらの「影」への対処法が妥当だと言えるのだろうか。

第三は、死刑代替策との関係である。死刑の代替策の一つとしては、死刑の執行猶予（延期）制があるが、中国のような労働改善刑を想定している国家は別として、たとえば、五年経過後、死刑に処するかどうかを判断する、というようなやり方では、かえって宣告を受けた者を不安定な地位に置くことにはなりはしないか。猶予期間中どのような条件が整えば死刑を回避できるのか、その条件を宣告を受けた者自身が整えることができるのか、明確にしておく必要があるだろう。

もう一つの代替策として仮釈放のない文字通りの終身刑が考えられている。この方法で、確かに、命だけは保証される。しかし、ベッカリーアの時代のように牛馬同然に酷使されることはないにしても、社会復帰の望みがない分、この方が死刑よりも残虐ではないか、という人もいる。刑務官の立場でも、社会復帰の望みがなく、改善・矯正への動機づけのない受刑者の処遇はきわめて難しい。倫理的に言えば、人はどのような状態に置かれても、人格の完成をめざして努力すべきなのであろうが、将来への希望を断たれた人は、普通、自暴自棄になる。その場合、何をしても命を保証されている人は危険でさえある。終身刑は、死刑制度があってはじめて意味を持つと言わなければならない。

ちなみに、現在の無期刑でも、仮釈放までの平均在所期間が三〇年を超え、終に刑務所を出られないまま死亡する受刑者数も二桁にのぼって、一九七〇年代（平均在所期間が一六、七年）とは様相を一変させている。その当時は、死刑と無期刑の差が大きすぎるので、中間に上記の終身刑を設けたらどうかという意見もありえたが、無期刑が終身刑と大差なくなった今日では、その必要性は小さくなったと言ってよいだろう。

死刑制度は、「殺しの心」を持ちながら集合・共生をしていかなければならない人間にとって、「人を殺すな」という規範が最高の規範であることを公権力が示すために維持しなければならない制度である。

## 三　自由刑

### (1) 歴史的意義

刑罰は、人々の犯罪に対する情緒的反応を、犯罪者に対してどのような形で表していくかということに関連して、その内容や性質を変えていく。情緒的反応には、「攻撃」「逃避」「同和」の三つがある。これらはわれわれの犯罪に対する日常的な反応を思い返して見れば分かることで、たとえば猟奇的な殺人事件でも起これば、一方で犯人に対する厳しい怒りの感情が湧くし、他方ではそのような人物を遠ざけてほしいと思う。また、長期間にわたる介護に疲れてやむなく親を殺してしまった犯人には同情を覚える。

「攻撃」の場合は、犯人に対する加害という形が採られ、最も強力な手段として死刑が執行される。「逃避」の場合には、犯人の追放という形が採られ、古くは流刑や所払いがその役割を果たした。「同和」の場合は、犯人の援護という形が採られる。

自由刑は、人の自由を剝奪する刑罰である。どのような自由をどの程度奪うかは、歴史的背景とともに、上記の情緒的反応の表し方によって時代ごとに異なる。「攻撃」に対応するのが労働刑の系譜である。この場合は、奪える自由はすべて奪い、奴隷のように完全な支配下において重労働を科す。

蒸気機関が発明されるまで続いたガレー漕船、城塞構築などがその例である。我が国でも、律に徒刑があり、一七七八年には佐渡鉱山役夫制が始まり、明治時代になって徒刑囚が北海道の開拓に使役されたという歴史がある。これらについては、資料館を訪ねれば、その執行がいかに陰惨で残酷であったかが伝わってくる。

「逃避」に対応するのが禁獄刑の系譜である。この場合は、移動の自由を奪うのが主眼になる。情緒的反応をする一般人が逃げるのに代わって、犯人を隔離する。この系譜は、隔離する場所と犯人を食べさせる費用を必要とするので、近世まではあまり利用されなかった。例外的に、身分の高い人を城塞拘禁にすることはあった。エリザベス一世も一時ロンドン塔へ幽閉されたことがある。我が国では、江戸時代に流刑地のない藩に代替刑として例外的に「永牢」を認めていたが、牢屋本来の利用趣旨は、一般的には現在の拘置所と同じで、裁判や死刑の執行を待つ場所に過ぎなかった。

「同和」に対応するのが懲治刑の系譜である。この場合も、事実上、移動の自由を奪うが、むしろそれは社会の好奇の目から犯人を保護し、社会復帰へ向けての訓練をするためである。一五九六年から一六〇三年にかけて、アムステルダムには男子懲治場、女子紡績場、不良少年のための特別懲治場が相次いで作られた。我が国でも、一七九〇年に火付け盗賊改めの長谷川平蔵が老中松平定信に建議して作られた石川島人足寄場がある。ここには軽犯罪者だけではなく無宿も収容され、心学（石田梅岩が創始した）講話を受けながら、油搾りなどの作業に従事した。「自由」刑は、文字通りではどんな自由が剥奪されても自由刑には違いないが、歴史的には、追放（拘禁）が形式的要件になってきた。

すでに述べたように、「自由」刑というのは大陸法系の発想で、英米法系では、imprisonment あるいは custody（拘禁）を初めから使っている。追放＋加害であれば徒刑めいた自由刑になるし、追放＋援護であれば懲治刑めいた自由刑になる。歴史的には、前者から後者へと発展してきた。

## （2）自由刑の発展

i　なぜ自由刑中心の時代になったか

自由刑中心の時代が到来したのは、社会が受刑者を養っていけるだけ豊かになったからである。これが大前提である。アムステルダムに最初の懲治場ができた理由も、当地が重商主義政策で財政的に豊かだったということがあげられる。自由刑はお金がかかる。刑務所の建設費、スタッフの人件費、受刑者の生活費。懲役受刑者の作業でこれらの経費を賄うのは無理であるし、最初から賄おうとも考えられていない。受刑者一人当たりの年間経費は三百万円。刑務所運営にかかる総年間経費は二千億円に近いと言われている。

こんなにお金のかかる刑罰がなぜ中心なのか。そこには、他の刑種と較べた場合の利点（消極的理由）と自由刑の性質からくる利点（積極的理由）があるはずである。

消極的理由から見ていこう。死刑は、死滅しつつある刑種である。本書では、死刑存置の必要性を説いたが、長いタイムスパンで見る限り、死刑制度の衰退は明らかである。世界（特にキリスト教社会）は、どうも命の大切さを理解していない。戦争や殺人兵器の輸出をして他国民を殺害し、またはそれに加担しておきながら、自国民や鯨・イルカは殺さないという、おもしろい精神構造をしている。しかし、いずれにせよ、死刑は終わりにしたいらしい。

身体刑は、一部のイスラム諸国を除いて、すでに消滅した刑種である。残虐な印象は拭えないし、身体の一部を損傷すれば、社会復帰の妨げにもなる。傷つけておいて、残りの人生の面倒を見る、というのも奇妙である。威嚇効果は別にして、合理性も相当性も認められない。

名誉刑は、刑罰の身分性・前近代性を象徴していると言われる。刑罰を科されるということは、もともと不名誉なことだから、どの刑種も名誉刑的である。憲法一四条の平等原則もある中で、身分的な名誉の低下は起こらない。しかし、実際には、「務所帰り」などのレッテルは、受刑者の人生を生きにくくする。また、後述のように、行政罰としての資格制限は、名誉刑と同じ機能を営む。

財産刑は、刑罰として、階級性と不平等性をもつ。財産の剥奪は、同じ生計内で暮らしている家族にもその類が及ぶから、刑罰の一身専属性（責任非難が及ぶ者の法益だけを剥奪するという原則）に反する。金銭刑は、貧乏人には苦痛であるが、金持ちには痛くも痒くもない、と思われているらしい。また、肩代わりの支払いも可能である。ただし、その執行の簡便さから、罰金刑は刑罰全体の九〇パーセント程度を占め、形式的には刑罰の中心である。

## 三　自由刑

次に、積極的理由を検討する。

第一に、拘禁は、機能的に多目的な利用が可能である。犯罪者を刑務所に収容することで、一般社会を犯罪者の脅威から護ることができる（無害化）。逆に、一定の割合の受刑者に対しては、危険な社会からの保護という役割も果たす。また、一定期間の収容によって、改善・更生へ向けた処遇の場を設定することもできる。

第二に、自由刑は、刑罰としての適性を備えている。自由は、身代わりができないから一身専属的であり、金銭などに較べれば、比較的誰にでも平等な価値である。それに、自由は、範囲と程度を調整することができるので、同じ自由刑の中でも、害悪の範囲と程度を処遇の必要性に応じて変更することができる。たとえば、受刑者の適性に応じて労働時間を変更したり（通常一日八時間労働を、高齢者には六時間に減じる）、職業訓練に振り替えられる。面会や信書の発受の頻度を、刑務所での成績や処遇の必要性に応じて変えられる、など。実際に刑務所では、入所直後にはほぼ自己決定権（自由）のない他律的な生活を強要するが、刑務官に対する態度や刑務作業に対する熱心さに応じて、徐々に自由の範囲を拡大し、仮釈放前には団体行動から解放して自発的な生活をさせる。人をパブロフの犬扱いすることの善し悪しは別にして、このような賞罰が、刑務所の規律秩序の維持と受刑者の更生意欲の喚起に貢献しているという実態はある。また、自由の程度差を設定できるということは、一定数の受刑者をグループ分けにして、組織的・集中的な処遇を施すことを可能にする。

第三は、自由の価値の相対的向上である。われわれの社会は、権力や権威（身分社会）からの自由の拡大を求めて戦ってきた。歴史的な革命も、各国で現在進行中の革命も、その目的は独裁的な権力からの自由の獲得である。そこで流された多くの血によって、今日の自由はもたらされた。憲法に書かれている自由権は、その結実である。

ところで、ホームレスの生活と受刑者の生活とどちらを選ぶか、というと、二種類の人間がいる。ただ生きて行く、ということに関して言えば、刑務所は、衣食住の保障された場所である。受刑者の中には、軽微な財産罪を繰り返し犯し、刑務所を出たり入ったりする者がいる。彼らは、刑務所の衣食住は満たされているが選択はできない生活に適応してしまって、刑務所内の生活が人生であり、刑務所を終のすみかと決めている。そういう種類の人間がいる一方で、ホームレスは、衣食住は保障されていないが、少なくとも自由である。彼らは、ある意味で矜持（プライドと言ってもよい）をもって「自律的」で遵法的な生活をしている。彼らは、衣食住の保障よりは自由を選択している。自由刑は、自由の価値を重んじない人には、効果を期待できない。その意味で累犯者は、自由刑そのものが生み出した処遇困難者である。

ii　自由刑の近代的形成

①　日本の場合（明治時代以降）

一八七〇（明治三）年の新律綱領では、まだ徒刑が定められていた。一八七二（明治五）年になってようやく懲役法ができ、律の笞杖に代わって懲役が登場し、監獄則並図式が定められた。歴史が大きく動いたのは、一九〇三（明治三六）年である。この年、監獄の所管が内務省から司法省へ移管され、監獄の費用をすべて国が支弁することになった。そして、一九〇七（明治四〇）年には、現行刑法が制定されて、自由刑は懲役・禁錮・拘留の三種に絞られ、一九〇八（明治四一）年、世界でも最も先進的と言われた監獄法および監獄法施行規則が制定された。監獄法の先進性は、後述のオーバーン制の昼間雑居・夜間独居の方式を採り入れ、さらに、給養、衛生・医療、接見・信書など受刑者の人権を考慮した規定をおいた点にある。

一九二二（大正一一）年には、「監獄」を「刑務所」と改称した。これは、ただ単なる名称の変更ではなく、懲罰的な施設から、受刑をしながら社会復帰をめざす施設への変更を意味した。一九三三（昭和八）年には行刑累進処遇令が制定され、社会復帰行刑の方向性が示された。また、一九四八（昭和二三）年には、訓令の形ではあるが受刑者分類調査要綱が出され、これに基づいた分類処遇制度が整備された。

なお、監獄法および同施行規則は、二〇〇五（平成一七）年に「刑事収容施設及び被収容者等の処遇に関する法律」および同施行規則が制定されるまで存在したが、その内容の古さのゆえに、実際の刑務所の運用は、矯正局長通達など、時宜に応じた対応で賄われていた。

②　欧米の場合（一八世紀以降）

欧州における自由刑の萌芽は、一六世紀最終盤から始まったアムステルダムの懲治場であるが、一八世紀には、いわゆる監獄改良運動が起こった。まず、一七七二年頃からベルギーのガン監獄の建設が始まった。この監獄は分房制で放射翼型の舎房配置をもつ近代監獄で、所長だった「ヴィレインは、犯罪者を重罪犯罪者と軽罪犯罪者とに分類して昼間雑居、夜間独居の方式を採用し、女子や少年をそれぞれ独立した区画に分散して拘禁し、収容者の個別処遇に道を開き、分類拘禁の先駆者になったとされている。」（木村・平田『刑事政策概論』六頁）

続いて、イギリスでは、ジョン・ハワードがイギリスおよび欧州大陸の監獄を視察し、その惨状を目の当たりにして、博愛主義的な観点から監獄改良の必要性を感じ、一七七七年、有名な『監獄事情』を出版して、監獄の経済的基盤の確立と監獄における悪風感染の防止を訴えた。この後、イギリスでは、監獄の費用を国家が支弁するようになり、独居房監獄も造られるようになった。

ハワードの考え方はアメリカにも伝わり、クウェーカー教徒の敬虔主義と結び付いて、一七九〇年にはフィラデルフィアに昼夜間独居制のウォルナット街監獄が建設された（ペンシルバニア制＝厳正独居制）。この監獄では、受刑者に聖書だけが与えられ、教誨師の指導の下に読書と祈りの生活が営まれたが、あまりの刺激のなさに精神に異常をきたす受刑者が生み出され、見直しを迫られた。

一八一六年開設のニューヨーク州オーバーン監獄では、厳正独居に失敗して、一八二四年から昼間雑居・夜間独居の方式が採られるようになった（オーバーン制＝沈黙制）。オーバーン制も、受刑者の増加によって財政負担が増え、独居拘禁は維持できなくなったが、この方式自体は、基本的にはヨーロッパでも日本でも採用されるようになった。

③　自由刑純化の思想

自由刑の純化とは、自由刑は、自由を剥奪するのみで他の法益を侵害するものであってはならない、という考え方である。寿命を短縮する、心身に悪影響を与える、名誉を傷つける、経済状態を悪化させる、家族を路頭に迷わす、これらはすべて禁止される。しかし、自由刑が拘禁刑として執行される限り、名誉刑的であり財産刑的であり家族刑的であるという側面は避けて通れない。このことはすでに述べた。ここでは、もう一歩進めて、二〇世紀初頭に現れた「受刑者の法的地位」の問題、すなわち受刑者は法律上どのような権利・自由を剥奪あるいは制限されているのか、という問題を考えていきたい。

もともと、一八七二年、アメリカで奴隷判決があり、受刑者は法の保護の枠外に置かれて（アウト・ロー）、裁判所も受刑者と刑務所当局の間のいざこざには干渉しないという方針（hands-off doctrine）が採られていた。そのように、国家と受刑者の間には、いわゆる特別権力関係があり、刑事施設内では、それを管理・運営する国家が受刑者に対する一方的な支配権をもっていると考えられていた。

このような考え方に対して、行刑法律主義を唱えたのがベルトールト・フロイデンタールである。彼は、一九〇二年、フランクフルト大学アカデミー総長就任講演で「囚人の国法上の地位」を論じ（一九〇九年論文発表）、一九一一年には「公法上の法律関係としての行刑」を発表して、自由刑の執行は次の三つの原則に基づいてなされなければならないとした。第一は、受刑者の権利の制限は法律による、ということである。これは、刑事政策の指導理念の一つである法律主義の考え方を自由刑の執行という犯罪対処活動の場面に及ぼしたものである。受刑者は、単なる行刑の客体ではなく、権利義務の主体であるから、その権利を制限するには、きちんとした法的裏付けがなければならない。第二は、行刑には法的規制を設ける、ということである。行刑を、国家と受刑者との権利義務関係として組織し、国家刑罰権の発動にきめ細かな法的規制を設けること要求する。第三は、権利救済制度を確立する、ということである。これは、第一、第二の実効性を保つためである。

ハンズオフ原則が採られていたアメリカでも、一九四四年のコフィン判決で、「明白かつ現在の危険」原則が採用され、受刑者の権利の制限は、そうしなければ行刑に明白かつ現在の危険がある場合にだけ認められる、ということが確認された。すなわち、司法が、権利の制限を監視することになったわけである。

ところで、自由刑の形式的要件は拘禁であるが、実質的要件は処遇、つまり受刑者の改善・更生をめざした取り扱いである。しかし、拘禁刑としての自由刑は、上記のように「自由刑の純化」をまっとうできないばかりか、次の三点において、処遇にも不適当だと言われる。第一点は、自由刑に処せられること自体が更生復帰の障害となる、とするものである。更生復帰とは、一般社会の生活に適応することをいう。自由刑は他律的な生活への適応を要求し、それに適った者が模範囚であるから、一般社会の生活への適応の訓練をする場所としてふさわしくない。第二点は、刑務所生活における悪風感染の弊害は回避できない、とするものである。刑務所は、犯罪者が集団生活をするところであり、受刑者は入所以前からもっていた「犯罪文化」を刑務所に持ち込んで、拘禁生活の心理的苦痛や欲求不満を仲間同士の相互作用により緩和しようとする。犯罪学校になるのを避けられない。第三点は、人間を拘禁すること自体に対する疑問である。この点は、一九九〇年代に行われた刑務所民営化の際に、「人を拘禁するのを金儲けの手段にすることが倫理的に許されるか」という形で議論された。しかし、公権力には、違法な拘禁と適法な拘禁とを区別する原理的な権限があるから、バーナード・シヨーの『拘禁という犯罪』も「死刑という犯罪」と同様に、論理的に正しくない。

しかし、いずれにせよ、「拘禁施設は受刑者の改善には適切でない」という主張には耳を傾けざるをえない。そこで、刑事政策は、自由刑の改良に二つの方向性を導き出した。一つは、「刑務所の代用物」の開拓である。プロベーション（日本では保護観察と訳されているが、自由な社会生活を営みながら、プロベーション・オフィサーの指導・監督、補導・援護を受ける自由制限刑である）、アテンダンス・センター（週末に出頭してカウンセリングや指導を受ける）、週末拘禁（拘禁の分割払い）などがその例としてあげられる。二つ目は、「刑務所の変容」である。開放施設（刑務所を象徴する高い塀、鉄格子、鍵を取り除いた施設）、外部通勤制度（生活の本拠を刑務所に置きながら、日中は外部の事業所で働く）、休暇制度、ハーフウェイ・ハウス（刑務所と一般社会の中間的な施設）などがある。

## (3) 現行制度

i　自由刑の種類と仮釈放

懲役・禁錮・拘留の三種類がある。懲役には、無期懲役と有期懲役があり、どちらも刑事施設（刑務所）に拘禁して刑務作業をさせる。無期懲役とは期間の定めのない懲役であるが、形式的には収容から一〇年経過後、実質的には「改悛の状」が認められるときに仮釈放が有り得る。有期懲役の期間は、一月以上二〇年以下であるが、再犯や併合罪の場合には三〇年まで加重できる。逆に、減軽されれば、一月未満になる。有期懲役の場合の仮釈放は、刑期の三分の一経過後である。仮釈放については、後に詳しく述べる。

禁錮の懲役との違いは、刑務作業を強制されないという点だけである。刑期や仮釈放の要件は全く同じである。禁錮受刑者には請願作業が認められる。ただし、一度始めた作業を途中で放棄することは許されない。

拘留は、一日以上三〇日未満刑事施設（拘留場）に拘禁する。刑務作業が強制されず請願作業が認められるのは禁錮と同じである。拘留の場合には、情状によりいつでも仮出場を認め得る。

## (4) 自由刑の諸問題

### i　単一刑論

単一刑論とは、懲役・禁錮・拘留の区別を廃止して、法律上、自由剥奪を内容とする一つの自由刑にし、執行上は、分類制を採用して自由刑の個別化を図ろうとする見解である。ただし、拘留は、後に述べるように、資格制限との関係で有用性があるので、通常は、懲役と禁錮の単一化を考える。

歴史的には、すでに、一八七八年にストックホルムで開催された第二回国際刑法および刑務会議で採択され、オランダ、イギリス、ハンガリー、チェコ、ブルガリア、ドイツ、オーストリアなどで採用されている。イギリス以外は、懲役刑への単一化である。我が国では、昭和四九年の改正刑法草案でも採用は見送られている。

我が国における実際の受刑者数を見ると、懲役受刑者がおよそ九九パーセントを占め、禁錮受刑者と拘留受刑者を合計しても一パーセントに満たないという状況が長い間続いている。実質的な懲役単一化の状態である。

そのような中で、あえて法律上の単一化を模索する根拠はどこにあるのか。その根拠は、刑のレベルによって異なる。

まず刑種のレベルでは、強制労働の有無による区別は、労働蔑視につながる、と言われる。ギリシアのポリスでは、生産労働は奴隷のすることであった。したがって、労働、特に肉体労働をすることは、社会的に蔑まれる傾向にあった。今でこそ職人・技術者は尊重されているが、つい最近までそうではなかったか。ホワイトカラー、ブルーカラーという区別があり、前者に較べて後者は劣る者と考えられていた。

しかし、プロテスタンティズムの倫理においては、労働は神聖視された。職業は vocation すなわち天職とされ、それに精を出すことが、予定説を信じたプロテスタントたちの間では神の国への道であった。

ここで重要なことは、労働が「強制」される、という点である。「職業に貴賤の差はない」という建前の下で、労働それ自体は中性である。特に神聖視されるものでも蔑視されるものでもない。それを「強制」されるということが、自己決定権の一部を剥奪されることを意味する。懲役と禁錮の区別は、自由剥奪の程度の差に過ぎない。

法定刑レベルでは、禁錮刑は政治犯・過失犯に対する刑であるという罪種の区分の本来の趣旨が、法令上生かされていない、と言われる。刑法典を見ると、典型的な政治犯である内乱罪には法定刑として、自由刑の中では禁錮しか規定されていない。その他、禁錮のみを規定しているのは、九三条の私戦予備および陰謀罪と九四条の中立命令違反罪だけで、公務執行妨害罪、騒乱罪は、懲役と禁錮の選択刑になっている。過失犯に対する法定刑は一般的に軽く、過失致死罪でさえ罰金刑しか規定されていないが、二一一条一項の業務上過失致死傷罪・重過失致死傷罪および二項の自動車運転過失致死傷罪が懲役と禁固の選択刑を規定している。

上記の指摘に対しては、以下のような反論がある。法定刑は、刑種と刑量で「行為」に対する規範的否定的評価を示したもので、法律要件（殺す、盗むなど）は「行為」の類型であり、動機（私利私欲か利他的か）もあわせて類型化するのは困難である。また、高度医療や高速度交通機関の発展によって、過失犯（不注意）に対する否定的評価の性質にも変化が見られる。一度に多数人の命を奪う可能性のある行為に対しては、不注意といっても世間の目は厳しい。

宣告刑レベルでは、従来、懲役は破廉恥犯に対する刑であり、禁錮は非破廉恥犯に対する刑であるという区別が行われてきたが、この動機による破廉恥・非破廉恥の区別は不純であり、刑を言渡す裁判官を倫理的判断者にするのは、裁判官の思想調査をすることにもなり疑問である、と言われる。また、現行憲法の下で非破廉恥な犯罪などない、という意見もある。さらに、従来の考え方では、懲役を宣告された被告人には破廉恥犯というレッテルが貼られることになり、その社会復帰を阻害するとも言われる。

これらの指摘に対しても反論がある。

行為刑法の下で、責任主義は、行為の道義的評価を要求する。宣告刑は、責任非難を刑の種類と量で示すものであるから、責任による個別化は、行刑上の個別化に先行する。刑を宣告する裁判官は、行為のさまざまな情状を考慮して、刑種と刑量を選択するのであるから、倫理的判断者になるのは不可避である。また、宣告刑は「行為」に対する否定的評価を表示するものであって、決して「行為者」に対する積極的否定的評価を内容とするものではない。禁錮は、もともと、法定刑として規定されている罰条の少ない刑種なので、裁判官による選択の可能性も小さいが、懲役よりも行為に対する否定的評価が一段軽い刑として有用性がある。

最後は、執行刑（刑の執行）レベルである。一般人でも、多くの人は、働き、食事をし、余暇を持ち、そして就寝する。仕事の内容はさまざまでも、おおよそこのような日課で日常生活を営んでいる。禁錮刑は、このうち働くことを要求されない刑罰である。それでは、一般人が働いている時間何をするのも自由か、というと、そこは自由刑の執行である。要は、労働を強制されない、という消極的な自由があるに過ぎない。

何らかの勉強をしたい人、読書を楽しみたい人、本を書きたい人などには、禁錮刑は都合がよいかもしれない。しかし、場所は刑務所である。そこで、退屈に耐えられない多くの（九〇パーセント以上）禁錮受刑者は、請願作業を申し出る。実際には、懲役受刑者と変わりない。

請願作業に就いたは就いたで、禁錮受刑者は人数が少ないために、生産的な有用労働には就けず、房内で軽作業（袋貼りとか）が割り当てられるだけである。自由にテレビを見られるわけではないし、懲役受刑者が楽しみにしている芸能人の慰問、運動会などのリクリエーションにも参加できない。懲役受刑者と禁錮受刑者は一緒にできないことになっているからである。

こうした現実は、懲役への単一化へと導く。なぜなら、刑務作業に代わって日課を構成できそうな処遇方法は開発されていないからである。

しかし、禁錮受刑者に対する処遇方法に改善の余地がないわけではない。上記のような欠点は、彼らを集禁（一カ所に集める）することで、解消できる。

同じ罪種でも動機はさまざまであろうし、犯罪に対する否定的評価には段階があるはずである。もともと刑種の少ない我が国では、禁錮の存在が、裁判官の選択の余地を広げる。むしろ、法定刑としての禁錮があまりにも限られている方が問題である。

ii　短期自由刑の弊害

短期自由刑とは、受刑者を改善するには短すぎ、悪風感染には十分な期間の自由刑をいう。その意味で問題視されているところを見ると、この期間は、宣告刑ではなく、実際に執行される期間である。歴史的には、単一刑論より早く、一八七二年にロンドンで開催された第一回国際刑法および刑務会議で議題になった。当時、特にヨーロッパでは、短期自由刑による累犯の激増に悩まされていたのである。第二次世界大戦後の一九五〇年には廃止決議があり、一九六〇年には、「短期自由刑は犯人を悪風感染にさらし、かつ建設的な訓練の機会を与えないという点において有害」と宣言された。

では、具体的に短期とはどれくらいの期間を言うのか。現在は六カ月というのが通説である。そこで、どのような犯罪に対して六カ月以下の自由刑を言渡すことができるのかを、法定刑レベルで調べて見ると、次のようになる。

まず、拘留は典型的な短期自由刑ということになるが、軽犯罪法違反や、刑法典では公然わいせつ罪、暴行罪、侮辱罪が法定刑としてこれを規定している。六カ月以下の自由刑を規定しているのは、秘密漏示罪、浄水汚染罪、公然わいせつ罪、礼拝所不敬罪、信書隠匿罪である。懲役・禁錮は、一カ月以上であるから、法定刑で、一年以下、三年以下、五年以下、七年以下、一〇年以下を規定している数多くの罪で、宣告刑が六カ月以下になる可能性がある。窃盗罪や詐欺罪もその中に含まれる。

このように多数の短期自由刑が出現するのを防止するために、各種の猶予制度がある。刑の執行猶予は、宣告刑が三年以下の懲役又は禁錮の場合に付けることができる。懲役刑では約六〇パーセント、禁錮刑では九〇パーセント以上が執行猶予付きであるから、この制度が、短期自由刑の出現頻度を少なくするのに役立っていることは間違いない。

また、成人の場合は罰金や科料を完納できないと労役場留置になるが、少年法五四条は、少年が金銭刑を完納できない場合の換刑処分を禁じている。もちろん、労役場留置は、形式的には自由刑ではないが、処遇上は懲役受刑者と同様の扱いになり、多くの場合短期自由刑となるので、少年には特に好ましくないと考えられたのである。この結果、金銭刑を支払えない少年からは、徴収不能になる。

短期自由刑の廃止・回避論からは、改善機能が期待できないばかりか威嚇力もない、逆に、悪風感染の虞れは濃厚で社会復帰を困難にさせる、という点が強調されてきた。それに、特に、社会的弱者には、短期間でも社会生活を中断させることは、離職など不利な条件を与える。

しかし、存置論から見れば、「短期」自由刑には、覚醒刑としての長所がある。以前、イギリスのボースタル制度（少年処遇）では3S主義が採られた。この三つのSとは、short、sharp、shockである。短期間で感銘力をもった処遇を施す、というのがこの趣旨である。短期間刑務所に収容することで、特に初めて入所する者に対しては、罪に対する罰の厳正さを感銘的に示すことができる。

また、行為刑法では、宣告刑に応報的罪刑均衡の要求が込められている。宣告刑は、行為に対する否定的評価を示すものである。罪が軽いからといって、すべてを執行猶予にしたり罰金刑で代替していたのでは、人々の刑事司法に対する信頼を損ねかねない。

さらに、悪風感染の虞れや社会復帰を困難にするという点は、何も「短期」自由刑にだけ特有の弊害ではなく、自由刑「一般」の弊害である。

確かに、社会的強者、たとえば、政治家・芸能人・企業経営者などの場合は、自由刑を科せられても短期なら失うものが少ない。社会的弱者とは失うものに事実上の違いがある。しかし、自由刑は、一身専属性を備えた刑種として誰にでも公平であり、社会的弱者だから避けるというのでは、逆差別になる。

短期自由刑の利点は、その代替策にも及ぶ。もちろん、執行猶予制度は短期自由刑を前提としている。その他、週末拘禁というわば自由刑の分割払は、短期なればこそ可能である。六カ月以下の自由刑なら、週末拘禁は九〇週以下で終わるから二年はかからないが、宣告刑が長くなればなるほど、それだけ刑の執行は終わらず、公権力との係わりあいも切れない。

以上、検討したとおり、短期自由刑が弊害になるかどうかは、対象者の選択、刑務所の人的・物的設備状況、更生保護のあり方によって変わってくる。対象者の選択は裁判官の裁量であるが、たとえば利欲犯の場合、罰金を選択できるのは窃盗罪と背任罪だけで、他は、軽微な場合には執行猶予にするか短期自由刑を宣告する以外にない。裁判官の裁量の幅は意外に小さい。

刑務所については、刑事施設および被収容者処遇法三七条二項で、居室は原則として単独室となっており、旧監獄法施行規則二五条でも、刑期二カ月未満の者は優先的に独居拘禁とすると規定されていたことから見て、短期の受刑者には単独室を用いて悪風感染を防止するという配慮がなされるであろう。

更生保護に関しては、犯した罪の種類によっても状況は変わってくる。受刑者数に占める割合が最も多い窃盗罪の場合には、短期でも長期と変わらず社会の受け入れは困難であろう。再犯危険性が高いし、直接被害者が存在する犯罪だからである。

イギリスのように、プロベーションやコミュニティー・サービス・オーダーといった社会内で執行する刑罰をもっているならともかく、それに相当する刑種もなく、罰金刑も限定的な犯罪にしか規定していない日本では、行為に対する規範的否定的評価の軽重を自由刑の刑量の大小に頼るしかない。そのような中で、短期自由刑の出現は避けることができない。短期自由刑に長所と相殺できないほどの弊害があるとするならば、その認識を他の犯罪対応策の開拓へのきっかけとしなければならない。

### iii　不定期刑

不定期刑とは、刑期を不定期のままに言渡し、その期間終了の最終的決定を行刑の場面に委ねる自由刑の形式である。

行為刑法を採用し、応報刑主義を採る場合には、刑は定期化される。犯罪の重大性に応じて、それと均衡した刑罰を科すべきだとされるからである。ところが、行為者主義刑法と教育刑論を採用する場合、刑の宣告時に、いつ教育の成果を得られるのかは分からないから、教育期間である刑は不定期にならざるを得ない。

この後者の教育刑の考え方によれば、犯罪は、行為者の社会的危険性を外部に表したものであり、その危険性を除去するための教育や治療を受ける社会的負担が行為者の責任ということになる。同じ「責任」ということばを使っているが、前者が、罪に対する「責任」を言うのに対し、後者は、教育や治療を受ける「責任」である。

こうなると、内容は、実質的には、後に述べる「処分」と変わりがない。大陸法系に属するドイツやフランスでは、この点、概念の曖昧さを気にして、刑罰と保安処分を明確に分け、刑罰は定期刑、保安処分は不定期とした。ところが、要するに犯罪的危険性の明らかになった者に対して、これを矯正することが重要だと考えた英米法系の国や北欧諸国では、不定期刑を採用した。フェリーの刑法草案も、基本的にはこの考え方を採ったが、イタリアでは受け入れられなかった。

歴史的には、一八四〇年、マコノキーが当時のイギリスの流刑地オーストラリアのノーフォーク島で行ったマークシステムが端緒である。このシステムが、一八五六年、クロフトンによってアイルランド制となり、一八七〇年には、アメリカのシンシナチ行刑宣言の中に盛り込まれた。すなわち、「定期刑は不定期刑に代えられるべきである。改善という十分な証明によってのみ限定される刑が、単なる時の経過によって測定される刑に代わらねばならない。」（第八条）と。この宣言を受けて、一八七七年、ニューヨークのエルマイラ少年収容所でエルマイラ制が行われるようになり、一八九七年には、イギリスでもボースタル制の中に移入された。アメリカでは、一九六〇年代まで盛んに不定期刑を実施したが、思ったほどの教育・治療効果はあがらず、犯罪の重大性に応じた刑罰を求める正義モデルの台頭と共に、定期刑化されていった。

不定期刑の種類には、期間を一切区切らない絶対的不定期刑と、短期と長期をあらかじめ決めておく相対的不定期刑とがある。絶対的不定期刑は、一九五〇年にニューヨーク州で性犯罪者に対して行われたことがあるが、刑罰の種類と期間をあらかじめ法定しておくべきだという罪刑法定主義の要請から疑問視されている。相対的不定期刑は、長期が定められている分だけ罪刑法定主義の上での問題は起こらないが、成果が上がらなくても長期経過によって釈放せざるを得ない点で、不定期刑の本来の目的は果たせないことがある。

現在、日本の自由刑制度は、仮釈放制度があるために、実質的には相対的不定期刑になっている。すなわち、宣告刑が三年の懲役の場合、形式的には刑期の三分の一つまり一年で仮釈放が可能であるから、これは、長期三年短期一年の相対的不定期刑になる。地方更生保護委員会が、改悛の状を条件として、この期間の中から適当な時期を判断して仮釈放を許可する。しかし、三年に達すれば、無条件で（改善・更生の実が上がっていなくても）釈放しなければならない（満期釈放）。

法律上、相対的不定期刑をはっきりと記しているのは、少年法五二条である。そのまま条文を引用する。一項：少年に対して長期三年以上の有期の懲役又は禁錮をもって処断すべきときは、その刑の範囲内において、長期と短期を定めてこれを言い渡す。但し、短期が五年を越える刑をもって処断すべきときは、短期を五年に短縮する。二項：前項の規定によって言い渡すべき刑については、短期は五年、長期は十年を越えることはできない。三項：刑の執行猶予の言渡をする場合には、前二項の規定は、これを適用しない。

条件は、第一審判決時に少年であること。上級審に係属中に二〇歳に達した場合には、第一審判決を破棄自判して、定期刑を言い渡すことができる。最も長い不定期刑は、五年以上十年以下の懲役または禁錮である。執行猶予付きの判決の場合には、定期刑を言い渡すことになる。この相対的不定期刑にも仮釈放（通常の仮釈放と同様に保護観察がつく）が認められるが、その時期は、短期の三分の一経過後（五八条三号）であるから、たとえば三年以上五年以下の懲役が宣告された場合、形式的には一年経過すれば、仮釈放が可能となり、言わば二重の相対的不定期刑になっている。しかも、仮釈放期間は、刑の執行期間と同一期間または長期の経過のどちらか早い方で（五九条二項）、この後は、保護観察が終了して国家の干渉を受けなくなる。

成人の場合は立法論になるが、昭和四九年の改正刑法草案が常習累犯に対して相対的不定期刑を規定している（五九条）。常習累犯の定義は五八条に見られる。それによると、「六月以上の懲役に処せられた累犯者が、さらに罪を犯し、累犯として有期の懲役をもって処断すべき場合において、犯人が常習者と認められるときは、これを常習累犯とする。」「累犯」とは、大まかに言って、懲役または禁錮の刑に処せられた者がその執行を終了してから五年以内に更に罪を犯し、有期の懲役または禁錮に処すべきとき（五六条一項）、または、執行猶予期間中に罪を犯し、有期の懲役または禁錮に処すべきとき（二項）である。

この不定期刑は、処断刑の範囲内において長期と短期を定めて言い渡すが、処断刑の短期が一年未満の場合は、短期を一年とする（五九条三項）。少年の場合とは違って、長期と短期に制限はない。仮釈放も、少年に較べて厳しく、短期終了後または長期の三分の一経過後でなければ認められない。また、仮釈放期間は、長期経過までとなっている（八一条二項）。ただし、地方更生保護委員会の判断で、短期経過後であれば長期に至る前に刑の執行を終わったものとすることができる（八五条三項）。

人は時間をもった動物である。現在を生きる人は、過去に縛られると同時に将来にも縛られる。罪を犯した者への対処も、当然、過去への配慮と共に将来への配慮を必要とする。刑罰は、もともと回顧的な性格をもっている。行為者の過去の行為に対する道義的な責任非難が、宣告刑という形で具体化される。しかし、宣告刑には、責任非難の量を表す他にもう一つの性格がある。それは将来を見据えたものである。有期刑の場合、被告人は必ず社会へ戻ってくる。その時に、犯罪的危険性が除去されていることが最も好ましい。

頑なに道義的責任論を採る論者でも、宣告刑のそのような作用を否定しはしないだろう。そこで、宣告刑はどのような形をとればよいのか、という問題が出てくる。責任非難の量と改善に必要な期間が一致しているか、前者が後者を上回っていれば、宣告刑は定期刑でよい。しかし、後者が前者を上回っている場合には、短期を非難の量に応じさせ（刑罰相当性の問題）、長期を改善に必要だと予想される期間（処分相当性の問題）とする相対的不定期刑が出てくる余地はある。短期で、そのような行為をすればこの程度の法益剥奪があるということを示し（一般予防）、長期で行為者の社会的危険性の解消に要する期間を示す（特別予防）ことになる。

しかし、責任非難の量を超えて法益を剥奪するには、それなりの正当化根拠が必要である。それは、長期の設定によって、受刑者の改善の実をあげられるということである。少年の場合に、相対的不定期刑を採用し、しかも仮釈放が短期の三分の一経過後と短く設定したのは、少年の可塑性に期待してのことだと了解できる。ところが、常習累犯には累犯加重をした上での相対的不定期刑が構想され、仮釈放も早くて短期経過後である。こちらの方は、改善よりも無害化に重きが置かれているように見える。

いずれにしても、改善に必要な期間を割り出すための判決前調査制度もなく、しかも改善の方策それ自体も十分に開拓されているとは言えない状況で、どのようにして長期を確定できるのか。そのような不確かな前提のもとで、責任非難の量を超える法益剥奪を正当化できるのか疑問である。

不定期刑に力を注いだアメリカにおける失敗、我が国の少年に対する相対的不定期刑の実績を見る限り、不定期刑を積極的に推進する材料は何もない。むしろそれは、釈放を行刑官に委ねることによって、行刑の司法的統制を後退させ、受刑者を不安定な状態に置くだけである。責任非難の量で法益剥奪の上限を画し、必要に応じて早期の釈放を可能にする「定期刑＋仮釈放」という不定期化の方が、よほど謙抑的である。

## 四　名誉刑

### (1) 名誉の剥奪

i　名誉刑の沿革等

刑罰はすべて名誉刑的である。なぜならば、刑を科せられるようなことをした、ということが、すでに「恥」であり、それを確認される刑の宣告と執行は、犯罪者の名誉を傷つけるからである。名誉刑とは、それに加えてさらに犯罪者の名誉を傷つける刑である。「名誉」とは何かについては、別の著書（『情報化社会における犯罪対策論』）で詳しく論じたから、ここでは割愛するが、「人の資質に対する社会的評価」と定義しておこう。名誉刑は、この「社会的評価」を低下させ、精神的（間接的には経済的にも）苦痛を与える刑である。

現行刑法典には、刑の種類として名誉刑は存在しない。それ故にか、多くの教科書で名誉刑にはあまり頁数が割かれていない。しかし、この刑は犯罪者のその後の生き方に大きな影響を与えるとともに、社会の人々の犯罪・犯罪者観に関する議論も左右する。刑事政策的に等閑視することのできないテーマである。

歴史的には、恥辱刑が名誉刑の中心であった。これには、晒し、首かせ、焼印押し等の種類があり、公開の形式で、言わば視覚情報を通して、犯罪者の社会的評価を低下させた。各地の犯罪博物館へ行くと、犯罪者にかぶせる異形の面や、犯罪者に恥辱を味合わせるために工夫された晒し・首かせの道具を見ることができる。

しかし、こうした刑は、人道主義の観点からも、犯罪の抑止効果の観点からも疑問がもたれ、衰退していった。それに代わって、近代になり登場したのが資格制限刑である。資格制限刑は、犯罪者が一定の種類の資格をもち、あるいは地位に就くことを不適格と表示することによって、その者の社会的評価を低下させる。

資格制限刑としての名誉刑が我が国で採り入れられたのは、明治一三年の旧刑法典（厳密な意味での法律ではなく、太政官布告である）においてである。この刑法典は、その三一条に、剥奪公権・停止公権の対象として九種類の権利を規定した。①国民ノ特権（選挙権・被選挙権）、②官吏ト為ルノ権、③勲章年金位記貴号恩給ヲ有スルノ権、④外国ノ勲章ヲ佩用スルノ権、⑤兵籍ニ入ルノ権、⑥裁判所ニ於テ証人ト為ルノ権但単ニ事例ヲ陳述スルハ此限ニ在ラス、⑦後見人ト為ルノ権、但親属ノ許可ヲ得テ子孫ノ為メニスルハ此限ニ在ラス、⑧分散者ノ管財人ト為リ又ハ会社及ヒ共有財産ヲ管理スルノ権、⑨学校長及ヒ教師学監ト為ルノ権、である。

ところが、明治四〇年制定の現行刑法典は、すでに個別の法令で「欠格事由」として資格制限が定められていることを理由に、刑種として剥奪公権・停止公権を採用しなかった。したがって、資格制限は名誉「刑」ではなくなった。現在は、刑の宣告に伴い付随的に科せられる行政的制裁である。しかし、「刑」でなくなったと言っても、不利益な処分であることは間違いないから、どのような刑に処せられたらどの程度の期間どの資格が制限されるのかは、法令であらかじめ示しておかなければならない（罪刑法定主義の精神）。法務省保護局恩赦課編『資格制限法令ハンドブック』によると、約四〇〇の法令で、約千の資格が制限の対象になっている。

ii　資格制限の分類法

約千もある資格（この中には、公民権や市民法・家族法上の諸権利、一定の公職―公務員や各種委員、一定の職業・事業が含まれる）が、どのような刑に処せられたときにどの程度の期間制限されるのかを分類することは難しい。上記のハンドブックは、保護観察官や保護司が保護観察対象者のために仕事を探す場合の参考資料として編集されたものであるから、個別的な職種との関係ではわかりやすい。例えば、「警備員」という項目で検索すると、「禁錮以上の刑に処せられ、又はこの法律の規定に違反して罰金の刑に処せられ、その執行を終わり、又は執行を受けることがなくなった日から起算して五年を経過しない者」（警備業法三条二号）は、警備員にはなれない、ということがわかる。具体的に言うと、懲役三年の実刑判決を受けた者は、たとえ仮釈放があったとしても通算八年（三＋五年）、懲役三年執行猶予五年の刑を宣告された者は五年間（執行猶予期間を無事満了すれば、刑の言い渡し自体が失効する――刑法二七条）、警備員にはなれないのである。

実務はこれで済むかもしれない。しかし、ここで検討すべきなのは、資格制限の刑事政策的意義である。公権力が社会秩序の維持・実現をするため資格制限にどのような機能を営ませようとしているのかを知るためには、ある程度の分類が必要になる。

まず、要件・期間別の分類をして見よう。期間については、後で詳しく述べる「復権」の知識が必要になるが、ここでは、形式的に触れるだけにして話を進める。

第一の要件は、禁錮以上の刑に処せられたこと。死刑は資格制限とは関係ないから、「禁錮以上」というのは、要するに懲役と禁錮である。この場合、①前科抹消（刑法三四条の二――実刑の場合、刑期＋一〇年）、執行猶予期間の満了、または恩赦による復権まで制限が続く資格がある。裁判官・検察官・弁護士・教員・保護司・弁理士など。並んでいる資格を見れば、国家レベルで枢要な資格であることが分かる。制限期間が長いのは、このような職種に犯罪者が就くのを避けるためだと言ってよい。

②その執行を終わり、またはその執行を受けることがなくなってから（仮釈放期間満了）□年経過まで制限が続く資格。司法書士（三年）・行政書士（二年）・古物商（三年）・質屋（三年）など。③その執行を終わり、または執行を受けることがなくなるまで制限が続く資格。一般公務員・選挙権／被

選挙権（ただし、執行猶予者はこの権利を失わない）・自衛隊員など。もちろん、この期間が経過すれば自動的に復職できるという意味ではない。

第二の要件は、罰金以上の刑に処せられたこと。上の第一に、禁錮より一段軽い刑種である「罰金」が付け加えられている。この場合、①前科抹消、執行猶予期間満了、または恩赦による復権まで制限が続く資格は、医師・看護師・薬剤師などであるが、第一の場合と違い、こちらは裁量的、つまり自動的にではなく、別の機関（例えば医道審議会の意見を聴いた厚生労働大臣）の判断で制限するか否かが決まる。たとえば、医師が医療過誤で業務上過失致死の罪責を問われ、禁錮刑に処せられたという場合でも、医師免許を停止するか否か、どの程度の期間停止するかは、厚生労働大臣が判断する。②業務関連法規違反があり、その執行を終わり、または執行を受けることがなくなってから□年経過するまで制限が続く資格。社会保険労務士（三年）・その他大部分の許認可業務（期間は、一年から五年）。

これまで述べた要件・期間別の分類は、公権力がどの資格を国家的に重要だと見なしているのかを知るうえで役に立つ。「職業に貴賤の差はない」とは言いながら、一方で、「民主主義は犯罪者の支配を許さない」という格言もある。分業によって成り立つ社会で、不要な仕事はない。ただ、実際には、公権力の視点からも国民の視点からも、犯罪者に与えてはならない資格がある。おそらくその職務が公益に関するものであり、多くの人々の生活に影響を与えるようなものであれば、その資格を犯罪者に与えるのはふさわしくない。

学者の中には、たとえ刑務所に入っている受刑者であっても、外部通勤制によって資格を保持・行使することができる、とする者や、公民権を停止すべきでないとする者もいる。しかし、殺人を犯した者が裁判官であったり、収賄罪を犯したものが公務員で居続けることに、人々は納得するのであろうか。社会秩序を維持・実現する責務をもって存在する公権力は、そのために自らが有害だと判断した行為を、人々が忌避するように仕向けるはずである。確かに、「罪を憎んで人を憎まず」ということはある。しかし、これは個々人レベルの話であって、公権力には、モラル・オーダーを維持する責務もある。

iii　資格制限の刑事政策的意義

犯罪の性質に係わらず一定以上の刑に処せられたことをもって一定の資格を剥奪・制限するのは、刑の感銘力を補強する機能を営む。たとえば、学校教育法の「教員」の地位にある者は、教職とは直接関係のない自動車運転過失致死傷罪であっても、その罪で禁錮刑に処せられれば、執行猶予付きの場合でさえ直ちに教職を失う。同じ罪でも罰金刑なら教職を失うことはないのであるから、罪の種類ではなく、その重大性が、学校教育を直接担当する者としてふさわしいかどうかを決するのである。

こうした資格制限の在り方は、刑罰補充的なものと言ってよい。犯罪に対する制裁は刑に限るべきだとする論者からは、批判の的になっている。

それに較べて、前記第二の②のように、業務関連法規違反で罰金以上の刑に処せられたことを要件として行う資格制限は、同一違反行為を繰り返す機会を剥奪するという意味で保安処分的であると言ってよい。論者の中には、このようなケースにおいてのみ資格制限が許されるとする者が多い、ただし、現在のところ、銃砲刀剣類所持の資格のような例外はあるが、純粋に同一犯罪機会の剥奪のみを意図した法令は少ない。前に例にあげた警備員にしても、公営ギャンブルの選手にしても、それぞれの業務関連法規違反の場合だけではなく、その他の法令違反で禁錮以上の刑に処せられた場合にも、その資格の制限を受ける（いわゆる混合型）。

このような点から見ると、我が国の資格制限制度は、保安処分的というよりも資格防衛的性格（公権力の視点から重要な資格を犯罪者の手から護る）が強いということができる。たとえば、事実上はともかく法的には、金融機関の被雇用者には資格制限がないから、極端な場合、財産犯の累犯者でもなることができる。美容師・理容師にも資格制限はないから、傷害の累行者でも就業可能である。公権力に、資格制限を保安処分として機能させる気があまりないのは、犯罪人名簿の非公開（官庁・弁護士会のみ利用可能）にも表れている。一般企業が従業員を雇用する場合、その適格性をこの名簿を利用して調べることはできないのである。

その点で、イギリスの資格制限制度の保安処分的目的は徹底している。資格制限（disqualification）は刑罰の一種（適用資格は、運転免許など数は少ない）でもあるが、保安処分としての資格制限は、日本のように一律・画一的ではなく個別的・裁量的に行われる。政府は、一九九七年に犯罪記録局（criminal records bureau）を設立し、個人の犯罪記録をここで一括管理することにした。雇用主は、人を雇おうとするとき、有料でこの記録にアクセスすることができる。そして、入手した資料に基づき、雇用しようとしている者がその仕事に適格であるかどうかを審査する（Vetting）。こうした方法が採られたのは、イギリスでは、日本に較べて圧倒的に前科者が多く、それだけ雇用主が危険な刑余者を雇ってしまうリスクが高い、という理由がある。新制度導入に際して、当時の内務大臣ジャック・ストローは、「危険な人々は、児童や若年者を扱う仕事には就けないようにするべきである。犯罪記録局の創立は、これを達成するための重要な一歩である。」と述べている。

iv　資格制限の問題点

第一は、資格制限と犯罪者の社会復帰との関係である。

「資格制限は社会復帰を阻害する」というのが定説とされている。つまり、「刑の効果は執行終了後にまで及ぶべきではない」というのである。犯罪に対する償いは刑の執行終了によって果たされたと見なすべきであるから、それ以上の社会的・経済的不利益を刑余者に与えるべきではない、という考え方がこの文言によって示されている。

この考え方には、いくつかの問題点が含まれている。まず、「社会復帰」の意味である。果たして、国家・社会レベルの視点から見る「社会復帰」は、刑余者を、刑の言渡し前の社会的・経済的地位に戻すことなのであろうか。確かに、働かなくても財産で食べていける人以外、職を得ることが遵法的な生活を営むための基礎になる。犯罪報道の中で、われわれは「住所不定無職」という言葉をよく耳にする。そのことからも、無職・無収入の者から犯罪者が出るケースが多いということが分かるだろう。しかし、公権力の性質を思い起こしてもらえるなら、関心事は「遵法的」というところにあって、決して刑余者の「幸福」ではないことが分かる。一般の人々も、罪を犯した者が容易に「幸福になる」ことを素直には喜べない。

われわれは、善因善果・悪因悪果でものを考える習い性があるから、ルカによる福音書第一五章一一節以下の「放蕩息子の譬え」に出てくる兄の怒り（父親の財産を分けてもらって放蕩の限りを尽くし、すべての財産を失って父の元に帰ってきた弟を、父が大喜びで迎え、大宴会を開いたことに対する）に同調する。公権力も、このような人々の思いを犯罪対策に利用しようとする。

次に、「法的な」資格制限が犯罪者の社会復帰を阻害することはまれである。刑に処せられたことにより制限される資格が千以上もあるというと、前科者が就職できる可能性が非常に少ないように見えるが、実際には、上に述べたとおり、一般企業への就職活動にはほとんど影響がない。就職を阻んでいるのは、「法的な」資格制限ではなく、前科者に対する社会の善良な人々の忌避感である。それに、実際問題として、刑余者には更生意欲の乏しい者も多く、一般的に学歴も低い。刑務所で、職業訓練を受け、一定の資格の取得に精進している者もいるが、社会の犯罪者観が変わらない限り、その資格を生かせない可能性も高い。

第二の問題点は、法人に対する資格制限の機能である。

法人の犯罪能力については議論のあるところであるが、今日では、両罰規定（従業員の行った違法行為について、従業員ばかりではなく法人にも選任責任を問う規定）や三罰規定（さらに法人の代表者も処罰する）によって法人にも刑罰が科される。しかし、法人が主体となって受ける刑罰は、罰金・科料・没収という財産刑に限られる。最近、特別法で、法人に対する罰金刑は億の単位が定められているが、もともと法人処罰を予定していなかったと思われる刑法典では、九六条の五（加重封印等破棄罪）の五〇〇万円が罰金最高額というように、一般に罰金額は低い。

一般的な感覚では、違法行為をした法人には、懲らしめ（特別予防）のためにも高額な罰金刑を科した方がいいと考えられる。しかし、高額な罰金は、製品価格やサービス価格に転嫁され、かえって消費者に不利益を与えることにもなりかねない。そこで、法人に対する制裁は、資格制限を中心に行うという考え方が出てくる。

証券取引法を例にすると、証券業を営む株式会社がこの法律に違反する行為を行った場合、財務大臣は裁量によって、証券業の免許を取り消すか、六カ月以内の範囲で業務の全部または一部の停止を命じ、取締役または監査役の解任を命じることができる。しかし、役員の解任以外このようなことはなかなか起こりそうもない。なぜなら、免許の取消しは多数の顧客に損害を与え、我が国の国際的な信用も傷つける。業務の停止は、その範囲と期間によっては、多くの弱い立場の労働者の生活を窮地の追い込むことにもなりかねないからである。したがって、法人の資格制限は慎重にならざるを得ない。

### V　資格制限廃止論に根拠はあるか

資格は国家レベルの発想で定められている。国民は、遵法的な生活を営んでいる限り、観念的には、選挙権や被選挙権のように年齢制限のある権利もあるが、どのような権利・自由も行使することができる。職業選択の自由もそうである。大学には、いろいろな将来設計を抱いて入学してくる学生がいる。景気の低迷している時期には、公務員（警察官・消防官・自衛官を含めて）希望者が増える。しかし、四年間受験勉強をしても、希望者の一割くらい（大学による差はあるが）しか夢を実現できない。中には、在学中に司法書士や行政書士の資格を取得する者もあるが、大多数は、何の資格ももたずに一般企業に就職する。職業選択の自由と言ったって、それは限定的なものであって、実際には、誰でもどの職業にでも就けるというわけではなく、各人の能力と機会に左右されて、収まるところに収まるしかない。

刑に処せられたことが原因となる資格制限は、すでに資格をもって職務に従事している人々には大きな影響を与える。禁錮以上の実刑に処せられれば、復権を受けても、事実上、元の職場に復帰することは難しい。執行猶予者は、直ちに資格制限の影響を受ける。改正刑法草案は、「裁判所は、刑の執行猶予を言い渡す場合において、必要と認めるときは、刑に処せられた者に対する人の資格制限に関する法令の適用を排除する旨の言渡をすることができる。」（七〇条）と規定するが、そのような規定のない現行法の下では、路頭に迷うものが出てくる可能性がある。改正刑法草案のような考慮は必要であろう。

しかし、初めから資格を必要とする職種に就いていない人々は、刑に処せられても、自分がどのような職種に就けなくなったのか知らないし、もしかしたら関心さえないかも知れない。罰金刑に処せられる大多数が、このような人々である。わざわざ制限されている資格に新たに挑戦してみて、得られないことを知って落胆するような人はまずいない。そういうところから見ると、刑に処せられたことを理由とする資格制限制度で実際に不利益を被るのは、公民権を剥奪された者か、不祥事を起こした資格保有者くらいであろう。なお、少年は、刑の執行を終えれば資格制限の適用を受けない（少年法六〇条）。

以上、見てきたように、現行の資格制限制度は、保安処分としても不徹底であるし、刑罰補充的な機能も果たす範囲が小さい。それでもなお法律が作られるたびに「欠格事由」が置かれるのは、公権力が一定の国家的に枢要な職種や地位を犯罪者から護り、資格に対する社会的信頼を確保しようとしているからであり、それが、国民の法的確信に沿うものだからである。資格制限制度の全面的な撤廃は、国民の犯罪者観からは乖離する（掛け離れる）。

## (2) 名誉の回復

### i　前科とは何か

「前科」というのは法令上の用語ではないが、前科□犯とか前科者という言葉はよく使われる。この用語は、「刑に処せられたことがある」という意味である。そのことは事実として生涯消えることがないから、「前科者」という烙印は生涯ついてまわる。しかし、前に刑に処せられたことがあるという事実の「登録」ということなら、記録を抹消してしまえば、まさに消えてなくなる。「前科抹消」というのは、この記録の抹消である。

前に刑に処せられたという事実の登録は、次の四種の方法で行われている。市区町村役場の犯罪人名簿、検察庁の犯歴票、警察の指紋カード、そして法務省矯正局の指紋原票である。

市区町村役場の犯罪人名簿の歴史は、明治五年の太政官布告による戸籍への犯罪事項の記載に始まる。そのため、「前科は戸籍を汚す」と言われたが、すでに明治一〇年には、戸籍票への記載は止められ、旧刑法の剥奪公権・停止公権の制度化にあわせて、独立の犯罪人名簿が作成されるようになった。現在の犯罪人名簿は、法務大臣訓令である昭和四〇年の「犯歴事務規程」に基づいて作成されている。主な目的が公民権の確認であるため、刑の抹消（後述）により閉鎖される（以前は、黒く塗りつぶしていたようであるが、現在はコンピュータ管理であろうから、削除になる）。公民権と直接関係のない拘留・科料・道路交通法違反の罰金刑の場合は記載されない。また、前述のように、刑の執行の終わった少年、執行猶予になった少年についても記載されない。この名簿は非公開が原則であり、官公庁や弁護士会以外には、たとえ本人の問い合わせであっても応じない。

犯歴票は、有罪の確定判決を受けた者の本籍地を管轄する地方検察庁（外国人については東京地方検察庁）に集中管理されている。前記の犯罪人名簿は、地方検察庁の犯歴事務官から犯人の本籍地の市区町村に送られる既決犯罪通知書に基づき調製される。犯歴票は、犯罪捜査をはじめとする警察・検察・裁判所事務に資するための記録であるため、たとえ刑が消滅しても閉鎖されることなく、死亡するまで保存される。

我が国に指紋制度が導入されたのは明治四四年、警視庁においてであった。昭和九年から「警察指紋採取規程」が実施され、全国統一の指紋制度が誕生した。指紋は犯歴票にも押す欄があるが、現在は、コンピュータによる指紋の登録・照合を自動的に行う指紋自動識別システムが導入され、主に犯罪捜査、犯人の特定のために活用されている。

こうした特定の人物に関する犯罪記録は、資格確認、犯罪捜査、起訴・不起訴の判断、裁判事務（再犯加重など量刑）のために用いられるのであるが、どれも一般人に公開されることはないわけであるから、記録が残っているといっても、それによって社会生活上何か実害があるというわけではない。あえて言うならば、「記録が残っている」という本人の心の負担をどのように配慮するかという問題である。

### ii　前科抹消の意義

法的な意味での「前科」とは、「記録」であって「記憶」ではない。そこで、「記録」の抹消ということが問題になるわけであるが、前に述べたように、犯歴票や指紋カードは犯罪捜査に用いられるために、生涯抹消されることはない。抹消されるのは犯罪人名簿の記録である。しかし、いくども述べているように、犯罪人名簿は、官公庁や弁護士会の照会にしか応じないのであるから、前科が抹消されても、多くの刑余者にとっては、特に実益があるわけではない。実益があるとすれば、次の二つの場合である。第一は、量刑に関するもので、前科が抹消されれば、間違いなく再犯加重や執行猶予の欠格からは解放される。もっとも、この点に関しては、刑法五六条一項の「懲役に処せられたものがその執行を終わった日又はその執行の免除を得た日から五年以内に更に罪を犯した場合において、その者を有期懲役に処するときは、再犯とする。」という文言からすると、多くの場合、前科抹消よりも早く再犯加重からは解放される。同様に、刑法二五条一項二号には、「前に禁錮以上の刑に処せられたことがあっても、その執行を終わった日又はその執行の免除を得た日から五年以内に禁錮以上の刑に処せられたことがない者」については、刑の執行を猶予することができる旨の規定があるから、前科抹消よりも早く執行猶予欠格からは解放される。ただし、量刑においては、公的な記録上の抹消にもかかわらず、「記憶上の」前科が被告人の経歴の一つとして考慮されることはあるというのが、実務上の取り扱いである。

第二は、もちろん、資格制限からの解放である。ただし、この「資格制限からの解放」は、新しく資格に挑戦しうる地位に立つことを保障するだけであって、失った資格が必然的に戻ってくるわけではない。国家公務員は、「禁錮以上の刑に処せられ、その執行を終わるまで又は執行を受けることがなくなるまで」その資格を奪われるが、刑期が終了したからといって、必然的に国家公務員に戻れるわけではなく、形式的に再度国家公務員試験を受験する資格を取り戻せるに過ぎない。おそらくは、国家公務員に復帰しようと受験しても、人物調査で不合格になるであろう。

iii　資格制限からの解放（復権）の方法

話が相前後したが、ここで復権の方法を確認しておきたい。

我が国では、資格の回復を次の三つの方法で行っている。

第一は、「刑の言渡の失効」という方法である。刑法三四条の二・一項は、「禁錮以上の刑の執行を終わり又はその執行の免除を得た者が罰金以上の刑に処せられないで十年を経過したときは、刑の言渡しは、効力を失う。罰金以下の刑の執行を終わり又はその執行の免除を得た者が罰金以上の刑に処せられないで五年を経過したときも、同様とする。」と規定する。「効力を失う」とはどういうことかというと、法的には、刑を言渡された前の無辜の状態に戻ることを意味する。したがって、当然に、資格を得られる状態に復す。この条文は、昭和二二年に追加されたものであるが、それまで、禁錮以上の刑に処せられた場合に永久に（再）取得できなかった資格を、取り得る可能性を開いたのである。もっとも、無期自由刑を言渡された者は、仮釈放されても「刑の執行を終わる」ということがないから、この条文の恩典には与かれない。

上の条文の「罰金以上の刑に処せられないで」という条件については、厳しすぎるという指摘もある。たとえば、道路交通法違反のように誰でも犯しそうな罪で罰金刑に処せられることは、ありそうな事態だからである。しかし、交通反則通告制度のある道交法違反で罰金刑に処せられるのは情状の重い場合が想定されているから、必ずしも厳しすぎるとは言えない。それよりも、禁錮の次に重い（三〇日未満の拘禁刑である拘留より重い）罰金刑について、刑罰だという重みを忘れがちな風潮をこそ憂えるべきである。

「刑の言渡の失効」という方法で資格取得の可能性を取り戻させるケースには刑法二七条の執行猶予期間満了がある。執行猶予は、刑法二五条の規定で三年以下の懲役・禁錮または五〇万円以下の罰金を言渡す場合に、一年以上五年の期間で付けることができるが、この期間を再犯などで取り消されることなく無事経過すれば、三四条の二と同じ効果が得られる。

第二は、資格制限法令に基づく復権である。資格制限の態様のところで述べたが、各法令の中には、「刑の執行を終わりその執行を受けることがなくなってから□年」経過すると復権する旨規定するものがある。懲役・禁錮ならば、宣告刑（勾留日数算入があれば、その分マイナス）＋□年、罰金刑ならば、通常、時を置かずに執行は終了するであろうから、単純に□年経過すれば、前科抹消とは関係なく復権する。

第三は、恩赦による復権である。恩赦のうち大赦（政令により対象となる犯罪の種類を定めて行う）・特赦（個別恩赦として、有罪の言渡を受けた特定の者に対して行う）は、有罪の言渡の効力を失わせるから、前科は抹消されて資格が回復される。「復権」という恩赦は、有罪の言渡の効果はそのままで、資格のみを回復させる。

恩赦は、司法の判断を事後的に行政権の裁量によって変更するものであるから、三権分立の民主主義国家では、謙抑的に運用されなければならない。すなわち、事後における事情の変更によって要請される具体的正義の実現のためには、他の制度的手段をもってしては対応できない場合に限り、補充的に用いられなければならない。そういう点から見ると、恩赦の中で、一律・自動的な資格解除を伴うものは、資格制限制度の目的に沿わない。その解除は、個別的な犯罪者の事後的な変化に依存するはずのものである。無期自由刑の仮釈放者の場合には、恩赦以外に復権の可能性はないから、考慮に値するであろう。

学者の中には、立法論として、裁判上の復権を採り入れるべきだとする者がある。その理由は、我が国の資格制限期間がかなり長いことと、恩赦が必ずしも適切に運用されていないことである。しかし、すでに検討してきたように、資格制限によって実害を受ける者は限られており、しかもその者たちは、少なくとも国家・社会レベルから見て、当該資格を用いる適格性を備えていない。恩赦は、たとえば公民権の回復に政治利用されることもあるなど問題もあるが、刑余者の立場から見て、復権を裁判所に願い出るのと、担当の保護司などに願い出るのと、どちらが好都合かと言えば、それは後者であろう。裁判員制度が行われているとは言え、裁判所は、依然として日本人にとって敷居が高い。それに、裁判所には、復権について審査し、決定するだけの人的なゆとりはないであろう。

# 五　財産刑

## (1)　財産刑の意義と沿革

財産刑とは、一定額の金銭または特定の物件を剥奪する刑罰であり、物的利益の剥奪によって精神的苦痛を与え、対象者にその犯した罪の否定的意味を感銘的に体得せしめることに意義がある。

沿革的に見ると、財産刑には財産の没収と金銭の剥奪という二つの流れがあるが、我が国の律令制度には、笞杖徒流死の五刑しかなく、公式に記録されているところでは、江戸時代の闕所（付加刑として科せられる田畑・家屋敷・家財などの没収）・過料まで、いわゆる財産刑はなかった。古代の贖刑は、その字のとおり、刑を財産によって贖うものであり、罪を贖うのではないから、厳密には、財産刑とは言えない。

財産の没収のうち対象者の全財産を剥奪する一般没収は、生計を同じくする家族にも不利益を与えることから、近代以降は、刑罰の一身専属性の原則（犯罪の責任のない者にまで不利益が及ぶべきではない）に反するとして、ほとんど用いられていない。

金銭刑は、古代ゲルマン法やローマ法でも見られた贖罪金の制度に起源をもつと言われる。もともと、罪を犯した者が被害者や親族に賠償する私法的なものであったが、その一部を公権力が徴収する習慣が生まれたことで、公刑罰としての性質を持つようになった。

金銭刑が、今日のように、数のうえで刑罰の中心になるには、貨幣経済の発展という条件が必要であった。それは、一七世紀に入って自由刑が脚光を浴び、産業革命が発展する時期と符合する。一九世紀後半になると、自由刑（特に短期）の弊害が認識されるようになり、それに代わる刑罰として、金銭刑が注目されるようになったのである。

金銭刑のうち科料は、軽微な犯罪に対する刑として、毎年数千人に言渡される。罰金は、昭和五四年には二〇〇万を超える人に言渡されたが、現在は、四〇万人超に落ち着いている。しかしそれでもなお、全裁判確定人員の九〇パーセント近くを占める重要な刑種である。これらのほとんどは、略式命令という形で簡易裁判所において言渡されている。

## (2) 現在の財産刑

i　財産刑の種類

現行法は、財産刑として、罰金・科料・没収の三種を規定している。このうち没収は、死刑・懲役・禁錮・罰金・拘留・科料という六種の主刑にプラスされる付加刑である。

罰金と科料の違いは金額と、科料にはほとんど資格制限が伴わない点である。明治四〇年の現行刑法制定当時、罰金は二〇円以上、科料は一〇銭以上二〇円未満であった。インフレの進行によって、この額は罰金等臨時措置法で何度も改定され、ついに、平成三年に、現在の、罰金は一万円以上、科料は千円以上一万円未満に落ち着いた。

この改定によるインフレ率は五〇〇倍であるが、明治四〇年から平成三年までの実際の物価上昇は、五〇〇倍どころではないから、罰金刑は相対的に軽い刑罰になってしまった。おそらく、明治四〇年の公務員の初任給は二〇円はしなかったであろう。それくらい二〇円は重い金額であった。平成三年の公務員の初任給は二〇万円足らずであろうから、本来、拘留よりも重い刑罰である罰金の最低額は二〇万円でもよかったのである。

罰金の上限は、各罰条における法定刑が定める。刑法犯で見ると、偽造通貨等の収得後知情行使罪（一五二条）の「その価額の三倍以下の罰金」という不定額を除けば、前に述べた加重封印等破棄罪（九六条の五）の五〇〇万円が最高額であるが、経済刑法の分野では、数億円という法定刑も見られる。

なお、五〇万円以下の罰金には一年から五年の範囲で執行猶予が可能である（二五条一項）。

没収とは、犯罪に関連する物件の所有権を剥奪し国庫に帰属させる処分をいう。没収の対象物は、刑法一九条一項に規定されている。第一は、犯罪行為を組成した物（一号）。たとえば、わいせつ物頒布等の罪（一七五条）におけるわいせつ文書がこれにあたる。第二は、犯罪行為の用に供し、又は供しようとした物（二号）。たとえば、殺人に用いたナイフがこれにあたる。第三は、三種類ある（三号）。①犯罪行為によって生じた物。たとえば、通貨偽造罪（一四八条）における偽造通貨。②犯罪行為によって得た物。たとえば、賭博によって得た財物。③犯罪行為の報酬として得た物。たとえば、殺人の報酬である。第四は、三号に掲げる物の対価として得た物。ただし、上の第一の場合を除いて、拘留又は科料のみに当たる罪（たとえば、侮辱罪や軽犯罪法違反）については、特別の規定がなければ、没収を科すことができない（二〇条）。

没収は、付加「刑」という位置付けであるが、所有権の剥奪は、主刑の感銘力を強めるという刑罰的な側面（犯罪によって得た利益を犯人の手元に残さない）を持つと同時に、上記二号や三号の①のように、保安処分的な意味（同一物件が二度と犯罪の用に供せられることがないようにする）で行われる場合もある。なお、上記の物件が現に第三者に属するときには、その者が、犯罪後に情を知って取得した場合以外、没収することができない（一九条二項）。

刑法一九条に定めるのは、裁判所が裁量的に科す没収であるが、刑法一九七条の五（その他、関税法一一八条など）は、必要的没収を規定する。賄賂は必ず没収する。もし、使われたり形を変えたりしても、その価額を追徴する。一円たりとも犯罪者の手元には残さない。

ii　金銭刑の執行方法

罰金・科料の裁判は、検察官の命令によって執行される。この命令は、執行力のある債務名義と同一の効力を有する（刑事訴訟法四九〇条一項）。この裁判の執行は、民事執行法その他強制執行の手続に関する法令の規定に従ってする（二項）。つまり、執行を免れることはできないのである。税法や専売法の規定により言渡した罰金は、刑の言渡しを受けた者が判決の確定後死亡した場合には、相続財産についてこれを執行することができる（四九一条）。法人に罰金・科料を言渡した場合は、その法人が判決確定後合併によって消失しても、なお合併後存続する法人または合併によって設立された法人に対して執行することができる（四九二条）。

罰金や科料（追徴も）を言渡す場合、判決の確定を待ってはその執行をすることができず、又はその執行をするのに著しい困難が生ずる虞れがあると認めるとき、裁判所は検察官の請求により又は職権で、被告人に対し、仮に金銭刑相当額を納付すべきことを命ずることができる（三四八条一項）、という規定を上の規定と合わせて見ても、金銭刑の取りっぱぐれのないような配慮が施されていることが分かるだろう。

金銭刑は、現金納付が原則であるから、物納は認められない。罰金を完納することができない者は、一日以上二年以下の期間、科料を完納することができない者は、一日以上三〇日以下の期間、労役場に留置する（刑法一八条一、二項）。この期間は、罰金を併科した場合や罰金と科料を併科した場合には三年にまで、科料を併科した場合には六〇日まで延長できる（三項）。罰金または科料の言渡しと同時に、完納できない場合の留置の期間を言渡す（四項）。労役場留置は、社会生活の継続という罰金刑の利点を損なうから、できるだけ避けた方がよい。そこで、罰金については、裁判確定後三〇日以内、科料については一〇日以内、本人の承諾がなければ留置の執行をすることができない（五項）という規定を置いて、完納を促すことにしている。被告人本人に支払い能力があるのに、労役場留置を選択することはできない。

なお、少年には、労役場留置を言渡さない（少年法五四条）ことになっているから、少年に完納の資力がないときには、結局、徴収できないことになる。

労役場留置は、罰金刑の執行方法の一つなのか、自由刑への換刑処分なのか議論のあるところである。前記の少年法は小見出しで「換刑処分の禁止」と書いてあるから、少なくとも少年法の立法者は後者を意図していたことになる。実態として、裁判所は、一日五千円を基準に、留置日数を算出しているようであるが、税法関係では、自然人に対しても数千万円という罰金額が言渡されることもあることから、二年という留置日数の上限を考慮すると、すべてを基準どおりに扱うこともできない。また、労役場は刑事施設に付設され（刑事施設及び被収容者処遇法二八七条）、留置者には懲役受刑者に関する規定が準用されることになっているから（同二八八条）、この処分は実質的に自由刑である。したがって、「換刑処分」という見方が正しい。刑法に、拘留受刑者と同じように労役場留置者の仮出場の規定があるのも、この見解の支持を後押しする。

### (3) 金銭刑の長所

金銭刑の長所には、「金銭刑ならでは」という積極面と、「他の刑種に較べて」という消極面がある。

積極面としては、①利欲犯に効果的だと言われる。しかし、刑法の規定が利欲犯対策になっているかと言えば、そうとも言えない。確かに、わいせつ物頒布罪や富くじ発売罪には比較的高額(二五〇万円以下)の罰金額が規定されているが、常習賭博罪には懲役刑が規定されているのみであるし、典型的な利欲犯である財産犯に関しては、窃盗罪、背任罪、そして盗品等に対する罪に五〇万円以下、遺失物横領罪に一〇万円以下の罰金または科料の規定があるのみである。もともと財産犯は貧者の犯罪で、いくら罰金刑を規定しておいても、払うことができずに労役場留置になるだけだ、という背景がある。②貨幣価値や資産状況を考慮して言渡すことができるという弾力性をもっている。③法人に対する唯一の刑罰である。もちろん、すでに述べた資格制限も行政的制裁としては有効であるが、特に、利潤を目的とする企業には有効な刑罰である。④直接の国庫収入となり、被害者の救済や公共施設(主に道路)の整備に役立てられる。

消極面としては、①短期自由刑の弊害の回避があげられる。金銭刑は、完納すれば社会生活を継続することができ、そこで、被告人に対する国家的干渉を断ち切る(もっとも、罰金刑の場合、資格制限は残ることがある）ことができる。「刑務所帰り」という烙印（スティグマ）の回避にもなる。国家的干渉ができなくなるということは、犯罪者の改善・更生への働きかけもできないということであるから、短所にもなるかもしれないが、国民の多くは、罰金が拘留よりも重い刑種であることを知らないから、罰金刑を受けた者に対する物理的・心理的排除感は、自由刑を受けた者に対するのとでは比較にならないくらい小さい。②執行方法の簡便さであり、これが、罰金刑が確定判決全体の九割近くを占める主な理由である。金銭刑の大部分は、百万円以下の罰金と科料を科す事件を対象にした略式手続によって科されている（刑事訴訟法四六一条以下）。すでに述べたように、略式手続が執られる事件の大部分は道路交通法違反事件であるが、これについては、三者即日処理方式と呼ばれる手続での処理がなされている、という。「これは、被疑者に出頭を求めたうえ、警察官による取調べと事件送致、検察官による取調べと略式命令請求、裁判所による略式命令の発付と被告人への送達、罰金又は科料の仮納付という一連の手続を、一日のうちに同一場所において完了させるものである。」（川出敏裕・金光旭『刑事政策』、成文堂、九二頁）被疑者・被告人にとっても、大量の事件処理をしなければならない公権力にとっても、使い勝手のいい交通裁判所のようなものである。

## （4）金銭刑の短所

金銭刑には、①刑罰による不利益の不平等性がある。「金持ちがポケットから支払うものを貧乏人は身体で支払う」と言われる。実際の運用はともかく、刑法では、責任主義の要請から、同一の刑事責任に相当する行為には、同一の刑をもって臨まなければならない。金銭刑の場合なら、形式的には、痛みの同一性ではなく、金額の同一性が求められる。なぜなら、金持ちであることは何ら非難に値することではないからである。ところが現実には、同じ一〇万円の罰金でも、刑罰の威嚇効果としては、年収三百万円の人と数億の人とでは全く異なるから、同一金額では不平等だという見解が出てくる。

②貨幣価値が変動しない低成長時代ならよいが、敗戦直後のような急激なインフレがあると、上限を法定刑で決められている罰金刑では対応できない。③完納できない場合の労役場留置は、そもそも罰金刑をその回避手段と考えられてきた実質的な短期自由刑である。④金銭刑は、完納即執行終了であるから、特別予防的要素が欠如していると言われる。確かに、罰金受刑者の数は多いために、社会的非難も大きいとは言えず、本人も、交通反則通告制度の反則金の延長くらいの意識しかない場合が多い。さすがに、百万円単位の罰金では一時的に感銘力はあろうが、払えてしまえば「喉元過ぎれば熱さ忘れる」の格言どおりの事態が生じる。⑤一身専属性に疑問がある。借金して支払っても、立て替え払してもらっても、禁止されている訳ではないので、本人は、ほとんど痛みを感じずに済んでしまうかもしれない。⑥税金化。たとえば、公害罪のように、有害物質を出して人を死傷させたときでさえ、五百万円以下の罰金しか規定していない場合には、莫大なお金をかけて除去装置を付けるより、罰金を支払った方がよいという企業が出てこないとも限らない（必要経費）。

## (5) 短所を補完する方法

上の六つの短所の中で、特にその改善の方法が提案されているのは、①③④である。①との関係で諸外国（例えば、フランス・ドイツ・オーストリアなど）で実施され、我が国でも議論されたことがあるのが日数罰金制度である。この制度は、刑事責任を日数で表すことによって責任主義の要請に応えながら、他方で、一日分の支払額を収入や資産の多寡に応じて変えることによって、経済的不平等の問題も解消しようとするものである（日数×一日分の支払額＝罰金額）。

我が国の刑法改正作業における議論を見ると、

1　罰金は法律に規定の在る場合を除き、日数をもって科する。

2　罰金をその日数の長短に応じて、第一級（三〇日以上三六〇日以下）、第二級（三〇日以上一八〇日以下）、第三級（三〇日以上六〇日以下）に区分し、各則では「第□級の罰金に処する」と規定する。

3　一日分の金額は被告人の経済状態に応じて、二〇〇〇円以上五〇〇〇〇円以下の範囲で定める。

をたたき台にしていたようである。しかし、最終的に、採用されることはなかった。

不採用の理由は、罰金額決定事務の煩雑化にある。一日分の金額を決定するには、被告人の経済状態の調査をしなければならない。不公正税制と言われる中で、形式的な「所得」だけで可処分所得を算出するとすれば、収入の大部分を公式に補足されている被雇用労働者（サラリーマン）には不利な制度になる。経済状態は、雇用の不安定な社会では年毎に変わり得る。収入や資産のバライエティは千差万別で、よほど慎重な調査をしない限り、実質的な支払い能力は判別不能である。

不公正税制を是正するための長年の懸案である「国民総背番号制（マイナンバー）」は、消費税の逆進性を解消する税額所得控除のためにも必要だとされているが、いまだに実現しないのは、すべての収入・資産を公権力が把握することに対する国民の危惧感が背景にある（経済状態の秘密保持）。

そして、根本的な疑問として、なぜ、同一の違法行為の償いとして、金持ちは貧乏人より多くの金銭を剥奪されなければならないか、ということがある。前にも述べたように、金持ちであることは、決して非難されるべきことではない。むしろ、累進税制のおかげで、収入には多くの所得税・住民税が、不動産資産には多額の固定資産税が掛けられ、預貯金の利子、株式の配当にも税が掛けられていて、高所得者の国家・地方財政への寄与は絶大である。むしろ、アメリカ合衆国でそうであるように、富者は、そのような経済状態になる能力と環境に恵まれたことに感謝して、自ら社会貢献をすべきであって、公権力によるコントロールを受けるべきではない。

繰り返しになるが、金銭刑の最大の長所は、執行の簡便さである。訳の分からない「平等」（同じ罰金額なら富者の方が痛みが少ない、と決めつけるのは間違いである）を強調するあまり、この長所を台なしにする日数罰金制度のような発想を採るべきではない。日数罰金制度は相続税と同様に「二重課税」に当たる。
③の労役場留置を回避する方法としては、まず、執行猶予制度の活用があげられる。しかし、この制度は、現実には、ほとんど機能していない（一パーセント未満）。それには2つの理由が考えられ

る。一つは、自由刑の執行猶予とは異なり、執行猶予期間にそれを取り消されるような違反行為があっても、直ちに刑務所に収容されるようなことにはならないから、特別予防（威嚇）効果が見込めない、という点である。二つは、罰金刑は完納即執行終了で公権力との関係が切れるのに、執行猶予では、期間中、その行状が常に公権力の監視下に置かれる点である。資格制限との関係でも、自由刑の場合ほど執行猶予にメリットがあるわけではない。

次に、罰金額の延納・分納がある。延納は、一定期間その納付の猶予を与えるものであり、分納は、分割払を認めるものである。刑法に規定はないが、実際には、検察庁法三二条に基づいて定められている徴収事務規程に基づき、検察官の裁量でこれらを認めている。われわれの日常の債務の弁済においても、延納・分納はよく見られる（奨学金の返済、住宅ローンなど）ことであるから、これによって国庫の収入が確保されると同時に労役場留置が避けられるのであれば、活用する価値はある。

最後に、自由労働による償却という案もある。しかし、一般人でも就職困難な時代に、罰金刑を受けた者に職場を確保するのは難しいであろう。労働による収入の一部ずつを徴収するのであれば、罰金刑を執行するためだけの労働よりも、正規の就職を継続させて分納をさせる方が望ましい。学者の中には、イギリスで始められ、日本でも少年や保護観察対象者の一部に行われている社会奉仕命令（community service order—公園や道路の清掃、高齢者や障害者の介護などを無償で行わせる）で代替する案を支持する者もあるが、犯罪者の名誉を考慮して密行されるべき刑罰の執行を衆人環視の中で行うことの是非が問題となろう。

④の特別予防的要素の欠如への対策としては、無定額罰金刑を提案する者もあった。これは、自由刑における不定期刑のようなもので、回数を定めない分納方式で罰金を徴収し、受刑者の反省悔悟の度合いなどを見ながら、執行を終了するという制度である。たとえば、毎月一五日には一定額の罰金を支払わせる、という方法で自らの行為に対する規範的否定的評価をそのつど思い起こさせると同時に、期間を定めないことによって、違法行為への反対動機を形成する。しかし、この制度は、受刑者にとって酷であり、罪刑法定主義にも反する。

罰金に特別予防的要素を導入するには、没収や資格制限との組み合わせを考慮する必要がある（たとえば、交通反則通告制度では、反則金の徴収と同時に、点数制度を設け、違反点数を超えると免許の停止などの措置が採られる）。

自由刑でもそうであるように、特別予防効果は人によって異なる。自由刑受刑者も釈放されるときには、二度と刑務所には戻って来るまいと思うそうである。それでも、五〇パーセント以上が刑務所に再収容される。罰金刑も、（交通反則金で痛い思いをして二度と反則行為をすまいと思う人の中に、それで本当に二度としない人とそれでも繰り返し犯す人がいるように）人によって威嚇効果も学習効果も違う。死刑を除いてどの刑罰も、特別予防効果は絶対ではない。金銭刑の刑罰としての機能は、予防機能よりも大量に発生する犯罪を処理する機能であり、特別予防機能にあまり期待しない方がよい。

## 六　保安処分

### (1) 保安処分の意義

前節まで刑罰について解説してきたが、刑罰は、本質的に、犯罪に対する反作用として科せられるものである。ところが、社会秩序の維持・実現をその原始的機能とする公権力にとっては、刑罰のような事後的な対応ばかりではなく、未然に社会秩序を乱す行為の予防措置を講じることも必要になってくる。この発想から採用されるのが保安処分である。したがって、保安処分は、必ずしも、すでに広義の犯罪、すなわち構成要件に該当する違法な行為が行われたことを要件とするものではない。しかし、実際には、特定の個人に社会秩序を乱す行為をする虞れがあるかどうかの判断はできないから、公権力の暴走ないしは恣意的な犯罪対策を抑止するために、原則として、広義の犯罪が行われたことを要件とし、犯罪者の「再犯」危険性に応じた適切な処分が施されることになったのである。

相対的応報刑論によれば、刑罰にも受刑者の再犯を予防する特別予防機能が想定されている。不定期刑制度は、まさに、この点に焦点を合わせた制度的工夫であった。しかし、この機能は、刑罰の中でも自由刑が、拘禁という形で身柄を公権力の統制下に置き、受刑者に働きかける時間を得た結果として生まれた発想であって、自由刑自体に本質的な機能ではない。この改善・社会復帰をめざした

「処遇」という発想は、与えられた時間を有効利用する一つの工夫という位置付けに過ぎない。自由刑に固有の特別予防効果は、一定期間一般社会での犯罪機会を奪うという「無害化」だけである。

その点、広義の犯罪を犯罪者の社会的危険性の徴表（形として表す）と見て、その危険性の除去のための隔離・治療・教育に特化したものが保安処分である。自由刑（刑罰）における隔離や「処遇」と、保安処分におけるこうした処置のどこに違いがあるのか、違う処遇を施すことが本当にできるか、という疑問には、正直答えられない。拘禁され処遇を受ける者の側から見れば、その名目が刑の執行であろうが処分の執行であろうが変わりはない。ただ、違うところを探すとすれば、保安処分は責任能力のない者にも執行できる、という点であろう。犯罪時と処分執行時の精神状態は異なるかもしれないが、この相違点を見る限り、保安処分における治療・教育は、自由刑における処遇よりも、その成果を得るのが難しいのではないか、と想像できる。

我が国を含む大陸（欧州）法系の国では、おそらく精神障害者に対する「魔女狩り」の経験を踏まえて、刑罰を科すには責任能力（是非善悪を区別し、その区別に従って行動する能力）のあることが前提である、という方針を採ってきた。刑法では、「①心神喪失者の行為は、罰しない。②心神耗弱者の行為は、その刑を減軽する。」（三九条）としており、「十四歳に満たない者の行為は、罰しない。」（四一条）ともしている。これらの条項が被害者の目からは不条理に映り、評判が悪いことは、「刑法三九条」という映画が製作されるくらいで、この条文の廃止論は根強くある。でも、われわれは、この道を選んできた。自らの行為の意味を理解できない人の犯行を非難することはできない、と。しかし、広義の犯罪行為を行った者をそのまま放置すれば、同じような行為を犯す可能性は、規範意識を有している（自分の行う行為を悪いと知っている）人より高いから、何らかの措置を講じなければならない。名前を「保安処分」とするかどうかは別として、犯罪的危険性の除去という目的をもったさまざまな処分が制度化されたゆえんである（二元主義）。

ところが、北欧や英米法系の国では、もちろん例外はあるが、刑罰と保安処分の区別には比較的無頓着である。もともと、実証学派の教育刑論を唱えた人々が、刑は非難ではなく、遵法的な行動を取れなかった者が治療や教育を受けるべき負担であると捉えていたことは、すでに述べたが、その考え方を受け継ぐ制度をこれらの国々では採用した（もっともアメリカやイギリスでは、やはり刑罰の前提には責任がある、とされている）。スウェーデンでは、刑罰でも保安処分でもなく「制裁」の語を用いている（一元主義）。これは、きわめて実用主義的な考え方である。要するに、危険な犯罪者からいかに社会を防衛するか、ということが重要なのであり、名称にはこだわらない。アメリカが、一九七〇年台まで、不定期「刑」のもとで、多額の税金を投入して、犯罪者の改善・更生・治療に邁進したことは、名称よりも、その方法が社会防衛のために最善だと考えたからであろう。しかし、これという成果を得られずに、ほぼ撤退を余儀なくされたのである。このアメリカの経験は、無害化以外の社会防衛処分の、現時点における無力さを露呈した。

## (2) 保安処分の種類

保安処分には、これまで主に述べてきた対人的保安処分のほかに、対物的保安処分がある。これには、財産刑のところで紹介した没収、資格制限のところで紹介した営業所の閉鎖や法人の解散がある。

小川太郎は、保安処分を次の四つに分類している。①自由を剥奪することによる保安処分（保安拘禁）、②自由を剥奪することによる改善処分、③自由を制限することによる保安処分、④自由を制限することによる改善処分、である。

①は、改善の困難な常習犯人など、隔離する以外に社会防衛のための方策が見つからない者が対象である。政治的・宗教的確信犯も信念そのものを強制的に変更させることは憲法上できないから、この方法の対象者とせざるを得ないであろう。

②は、精神障害者やアルコール・薬物中毒者、また労働嫌忌者が対象になる。改正刑法草案に規定されている治療処分（九八条）や禁絶処分（一〇一条）がこれにあたる。現行法では、精神保健福祉法の措置入院制度、心神喪失者等医療観察法の入院措置、売春防止法の補導処分をあげることができる。

措置入院とは、精神障害の故に、強制的に入院させて医療及び保護を施さなければ、自身を傷つけ他人に害を及ぼす虞れのある者を、本人または関係者の同意がなくても、二人以上の精神衛生指定医の判断に基づき、都道府県知事が公立の病院または指定病院に入院させる手続を言う。対象者の多くは犯罪者であるが、司法的コントロールを経ずに期間を定めず強制入院をさせることができることから、人権上の問題のほか、保安上の効果の点からも疑問が持たれている。

心神喪失者等医療観察法では、殺人・放火・強盗・強姦・強制わいせつ・傷害の罪を犯した者が、心神喪失もしくは心神耗弱で不起訴になり、または無罪もしくは刑の減軽（実刑以外）の言渡しを受けたときには、検察官の申し立てにより、地方裁判所で、入院または通院の措置を決定できることにしている。その際、地裁では、裁判官一人と医師（精神保健審判員）一人の合議体で、必要に応じて精神障害者の保健および福祉に関する専門家（精神保健参与員）の意見も聞いて、審判を行う。原則として、対象者を入院させ、精神保健審判員とは別の精神科医による詳しい鑑定を行う。入・通院決定を受けた者は、厚生労働大臣の指定する指定入院医療機関において、精神障害の特性に応じた手厚い専門的な医療を受ける。入院継続の必要があるときには、原則として六カ月ごとに、地裁に対し、入院継続の確認の申し立てをしなければならない。

補導処分とは、売春防止法五条の罪（売春の勧誘等）を犯して執行猶予付きの自由刑を言渡された満二〇歳以上の売春婦を婦人補導院に収容し、その更生に必要な補導を行う処分である。期間は六カ月で、仮退院が認められるが、その際には保護観察に付される。六カ月の間に売春から更生するための処遇を行うことは困難なため、現在、ほとんど使われていない。

非行少年に対する施設収容を伴う保護処分（少年院送致や児童自立支援施設・児童養護施設送致）も②に分類される。保護処分は、罪に対する罰として科せられるものではなく、少年の要保護性（健全育成のために必要な保護）に対応するものだからである。

③は、自由を制限することによって犯罪機会を奪うために行うものであるから、業務関連法令違反による資格制限が典型的処分である。公営ギャンブルの選手が、各競技の関連法令違反で罰金以上の刑に処せられたときに付随する、選手としての地位の剥奪や、公職選挙法違反による公民権の剥奪、道路交通法違反による免許の取消または停止も、③に含まれるし、保護観察対象者に命ぜられる盛り場への出入禁止などの遵守事項（更生保護法五一条二項一号）も保安処分に相当する。

④に相当する、現行法上の中心的な制度は、保護観察である。これまでにもいろいろなところで触れてきたが、保護観察対象者は、更生保護法で、少年法上の保護処分としての保護観察を言渡された者（少年法二四条一項一号）、少年院からの仮退院者、刑務所からの仮釈放者、保護観察付執行猶予の言渡しを受けた者、の四者が規定され（四八条）、すぐ前に述べた婦人補導院からの仮退院者（売春防止法二六条―昭和五九年以降はいない）を合わせて五種類になる。保護観察は、人間行動科学の専門家である保護観察官が本来担当すべきものであるが、およそ一〇万人の対象者に対してその定員は千人に満たないので、実際には、約五万人の民間のボランティアである保護司が担当している。

保護観察の実施方法は、対象者との接触を保ち行状（遵守事項を守っているかどうか）を把握する指導監督（更生保護法五七条）と、帰住先や就職の斡旋などの補導援護（五八条）である。なお、近年、成人に対しても少年に対しても、その抱えている問題性に即した類型別処遇が行われている（詳しくは犯罪白書参照）。

このように、名前はともかく、保安処分的な機能を営む制度は、現行法上もさまざまに工夫されている。

## (3) 保安処分の特徴

ここでは、もし、刑法典（しかも、「罰すべきは行為である」という建前を採る行為刑法）の中に規定されるとしたら、自由剥奪を伴う対人的保安処分はどのような特徴を持つようになるのか検討して見たい。

i　広義の犯罪があったこと

これは剥奪される法益の重大性からくる制約であって、保安処分の本来的制約でないことは、前に述べたとおりである。現行法でも、精神保健衛生法の措置入院は、「自傷他害の虞れ」だけが要件であり、少年法上の虞犯少年に対する保護処分も、「虞」犯、つまり犯罪行為や触法行為を犯す「虞れ」を要件として執行される。

保安処分は、未然に、社会秩序の維持・実現に有害な行為を予防するための措置であるから、このような特別法は、公権力の性質としては、十分に有り得ることである。しかし、保安処分は、目的のいかんにかかわらず、事実上は不利益処分であるから、何らかの言い訳が必要になる。そこで使われるのが「対象者の福祉」である。「本人のため」の治療であり教育であるから、福祉国家としてむしろ必要なことであり、非難を受ける謂れはない。このような言い訳は、国民の精神障害者に対する差別意識や、大人の子供観を傷つけるような行為をすることどもに対する排除感が後押しをしている。したがって、正面からこの言い訳を非難する者はいないのである。上記の二つの例は、果たして拘禁下での治療や教育は成果を挙げ得るのか等いろいろな問題を抱えながらも、この瞬間も運用され続けている。

ii　裁判所による付科

これも、不利益を課す場合には、できるだけ司法的なコントロールを受けるべきだという要請から来る制約であって、実際には、司法のコントロールを経ない不利益賦課はいくらでもある。上記の措置入院が行政の判断で行われ、司法的コントロールを受けていないことはすでに述べた。資格制限も、司法の個別的な判断を経ない一律・画一的な行政処分であるし、運転免許の剥奪・停止もそうである。

立法論として、配慮すべきなのは、保安処分の言渡し方法である。改正刑法草案では、「保安処分は、有罪の裁判又は第一六条第一項（責任能力）に定める事由による無罪の裁判とともに、これを言い渡す。但し、保安処分の要件が存在するときは、行為者に対して訴追がない場合においても、独立の手続でその言渡をすることができる。」（九七条二項）と規定されているが、保安処分は、刑罰よりもむしろ「再犯危険者」という烙印付け効果が強いから、人権保障のためには、上記の条文の本文に関しては、犯罪事実認定段階と処分適用段階は区別する必要がある。

犯罪事実認定段階は、従来どおり、公開主義・当事者主義を採り、犯罪事実の認定に専ら集中すべきであり、規範的否定的評価が行為者の存在自体に及ばぬよう配慮されるべきである。それに対して、処分適用段階は、行為者に対する診断が必要であるから、人間行動科学の専門家の参加を得て、非公開主義・職権主義で行われるべきこととなる。

但し書きの部分については、処分適用段階の手続に従えばよい。

iii　一応の期限

いくら人間行動科学の専門家が衆知を集めて検討しても、対象者の社会的危険性の判断は、裁判時に一義的にできるものではないから、これも、保安処分にとっては非本質的なことである。しかし、個人に対する国家的干渉は謙抑的に行われるべきであるから、一応の期限を設定して、成果が上がらない場合には、裁判所の審判によって更新する、という方法が妥当であろう。

iv　限定責任能力者について、刑の先執行の原則

これは、責任主義の要請から来る原則ではなく、刑の一般予防効果を保つためである。そして、現実の刑は、刑罰的要素と処分的要素の混合体であるから、刑の執行で処分の目的を果たす可能性は十分ある。その場合には、処分の執行は猶予すればよい。この場合、刑については事実上の執行猶予をし、まず処分を行う、という方法を採ったのが、前記の補導処分である。執行猶予は、保護観察とだけではなく保安処分とも結合し得る。

責任主義から見れば、たとえば精神障害者には刑の感銘力はないから、処分を先に執行して、感銘力のある状態に治してから刑を執行するのが順当ということになろう。しかし、この順番では、時間

とともに一般人に対する感銘力は希薄になる。

以上、保安処分について検討してきたが、公権力は、予防→抑止・鎮圧→善後措置の各段階で犯罪対策の在り方を工夫する。刑罰は、基本的に善後措置という性格をもっている（回顧的）のに対し、保安処分は、予防という性格を強くもっている（展望的）。刑事政策としては、これらをどのように組み合わせるのがよいかを検討することになる。

# 第六章　刑事司法制度

## 一　刑事手続の本流

犯罪の発生が認識されたとき、司法警察職員（事件によっては検察官）は、犯人及び証拠を捜査する（刑事訴訟法一八九条二項、一九一条一項）。どのように認識するかと言えば、被害者等による届出が九〇パーセント近くを占める。その他には、職務質問による現行犯逮捕や告訴などがある。これらが捜査の端緒である。

捜査が行われ、ある程度客観的な証拠に基づいて被疑者が特定されると、通常は、検挙ということになる。この中には、在宅のまま取調べを行う場合と、逮捕をする場合がある（およそ二割）。逮捕をするかどうかは、嫌疑の濃淡や、身柄を押さえないと逃亡や証拠隠滅の虞れがあるかどうかによって判断する。

警察が認知した事件は、原則として、検察官に送致しなければならない。在宅の場合は「書類送検」と呼ばれるのを聞いたことがある人は多いだろう。逮捕をした場合については、次のような長文の規定がある。「司法警察員は、逮捕状により被疑者を逮捕したとき、又は逮捕状により逮捕した被疑者を受け取ったときは、直ちに犯罪事実の要旨及び弁護人を選任することができる旨を告げた上、弁解の機会を与え、留置の必要がないと思料するときは直ちにこれを釈放し、留置の必要があると思料するときは被疑者が身体を拘束された時から四十八時間以内に書類及び証拠物とともにこれを検察官に送致する手続をしなければならない。」（二〇三条一項）検察官が送致された被疑者を受け取ったときの持ち時間は二十四時間である。被疑者が身体を拘束されてから七十二時間を超えて拘束する場合には、裁判官に勾留の請求をしなければならない（二〇五条一、二項）。この勾留の期間は、最大で二〇日である（二〇八条）。この期間の中で、検察官は被疑者を起訴するかどうか判断することになる。こうして、被疑者は、合計二三日間取調べに晒されるわけであるが、この期間は、実際には、たとえば死体遺棄罪で一回目の逮捕をし、殺人で二回目の逮捕をするなどして、もっと長くなることがある。

起訴された場合、被疑者は被告人となるが、被告人に定まった住居がなく、または、証拠の隠滅や逃亡の虞れがあれば、起訴した日から二カ月勾留を継続することができ、特に継続の必要があればさらに一カ月更新することもできる。ただし、これはあくまで原則で、被告人が殺人や強盗のような重大な罪で起訴されている場合や、罪証を隠滅する疑いが濃いと判断された場合などには、ほとんど裁判の確定まで勾留が継続されること（六〇条二項、八九条）、国民も経験則上よく知っている。

勾留の場所は、拘置所が適切だとされているが、実際、起訴前には、警察の留置場が使われることが多い（代用監獄）。その方が被疑者の取調べに便利だからである。しかし、被疑者を二四時間捜査機関の統制下におくこのやり方は、冤罪の温床だという指摘もある。起訴された事件については、事件の争点や証拠を整理して審理の迅速化を図るため、当事者の意見を聴いて、公判前整理手続に付することができる（後述の裁判員裁判の場合は、必ず付する）。

裁判は、人定質問から始まり、起訴状朗読・黙秘権の告知とそれに対する被告人側からの陳述があり、冒頭陳述以下の証拠調べが行われて、最終的に、検察官の論告求刑、弁護人の最終弁論、被告人の最終陳述へと進み、結審する。公判期日は一日で済む場合もあるが、オウム事件のように数十回にも及ぶ場合もある。法廷用語は難しいが、この審理の進め方は、「百聞は一見に如かず」の格言どおり、実際に刑事裁判を傍聴するのが一番分かりやすい。

日本の刑事裁判では、有罪の宣告と刑の言渡しは同時に行われる。「主文　被告人を懲役三年に処する。」という具合である。この言渡し刑期からは未決勾留日数（判決確定までの間拘留された日数）が引かれることもある（たとえば宣告刑は懲役三年だが、実際の刑期は二年六カ月になることもある）。判決に不服のある場合には、上訴することができる（高等裁判所への控訴、最高裁判所への上告）。

死刑の確定した者は拘置所へ収容されて執行を待つ。自由刑の確定した者は、刑務所あるいは拘留場へ収容され、言渡された刑期の間その執行を受ける。金銭刑の確定した者は、言渡された金額を国庫に納め、執行を終了する。完納できない場合の措置は、前に述べたとおりである。

図４　刑事司法手続（成人）の流れ

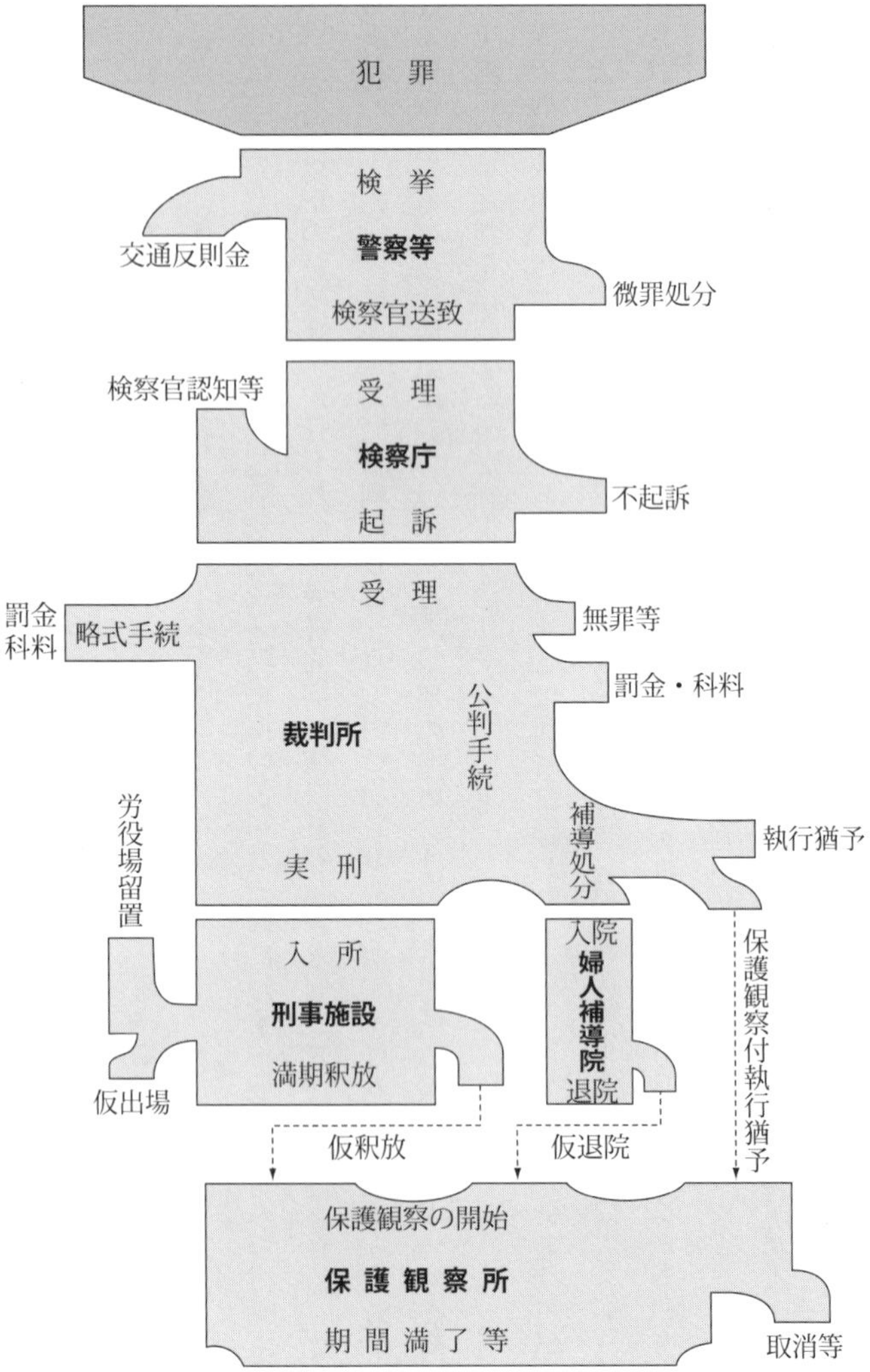


出典：犯罪白書2011　42頁刑事司法手続（成人）の流れより

以上が、刑事手続の本流であるが、この本流を最初から最後まで経験する人は、ごくわずかである（検挙された者全体の一パーセントに満たない）。検察官によって起訴される者の割合は五割を切っているし、起訴されても公判を請求される者は、終局処理人員の七パーセント程度にすぎない。それに引き換え、略式命令請求は、二五パーセントほどに及ぶ。

裁判所でも、懲役刑の六〇パーセント弱、禁錮刑の九〇パーセント余りについて、刑の執行が猶予されている。また、刑務所からも約半数が仮釈放で出所している。

なお、二〇歳未満の少年については、罰金刑以下の罪に当たる場合は警察から、禁錮以上の刑に当たる罪の場合は検察から家庭裁判所に送致され（少年法四一、四二条）、家庭裁判所が刑事処分相当と判断したケースだけ本流に戻ってくる（二〇条）。ただ、実際の運用では、略式命令（つまり罰金刑）で終結されることを意図した検察官への逆送致の数も決して少なくはない。

このように、刑事司法制度の内部では、刑事政策的な考慮から、ほとんどの者が手続の本流からそれた扱いを受けている（ダイヴァージョンという）。次節では、その代表格である猶予制度について検討を加えたい。

## 二　猶予制度

### (1) 猶予制度の意義と構造

猶予制度とは、概念的に言えば、国家刑罰権の一定の形式における実現ないし遂行を阻止する制度である。刑事司法手続の中で具体的に言えば、微罪処分は、司法警察員の検察官への事件送致、起訴猶予は、検察官の公訴の提起、執行猶予は、刑の執行、仮釈放は刑の一部の執行を、それぞれ阻止することになる。

刑事訴訟法一条は、刑事手続の目的を「事案の真相を明らかにし、刑罰法令を適正且つ迅速に適用実現すること」としているから、その目的を達成するためには、送検・起訴・刑の完全な執行は、当該場面で依然として正当化される。しかし、その例外なしの遂行は、あまりにも形式的で、刑事手続の実情に合わない。

刑事手続において対象とされる行為は、過去の一時点に定着した歴史的・一回的・不変の事実である。しかし、その手続の中で扱われる人は、過去に制約されつつも現在と将来との関係で相対すべき存在である。頑なに過去にこだわることは、かえって非実践的で不合理な事態を招きかねない。

刑事手続をめぐっては、さまざまな社会的要求が存在する。もちろん、何が何でも罰を遂行すべし、という、特に被害者からの要求もある。しかし、悔悟し反省している人間を前にしたとき、許すべし、という人間的な要求も出てき得る。

また、公権力による犯罪対策には、財政的な優先順位がある。刑事手続の本流を追求するために無限にお金をかけ人材をつぎ込むことはできない。犯罪対策としての効果に支障がないかぎり、対象者にもできるだけ実害の少ない手段が選択されなければならない。

以上のような理由で、我が国の公権力は、猶予制度を広範に活用しているのであるが、犯罪対策としての担保のために、対象者には、「遵法的な生活を営まなかった場合には、本流に戻す」という威嚇が及んでいる。それが「猶予」の意味である。

## (2) 各猶予制度の検討

### i　微罪処分

微罪処分とは、刑事訴訟法二四六条但し書きに基づき、検察官の指定した軽微な罪（窃盗罪や占有離脱物横領罪が多いと言われる）について、警察段階で事件を収束させる処分である。司法警察員は、捜査をした事件については、原則として、検察官に送致しなければならないが、事件ごとにこれをするとその事務量は大量になるので（全国で一日約一万件）、訴追する必要がない軽微な事件については、形式的に一括送致する。これについては、捜査機関の事務規程である犯罪捜査規範が詳しく規定しているので、そのまま引用する。

一九八条　捜査した事件について、犯罪事実が極めて軽微であり、かつ、検察官から送致の手続をとる必要がないとあらかじめ指定されたものについては、送致しないことができる。
一九九条　前条の規定により送致しない事件については、その処理年月日、被疑者の氏名、年令、職業及び住居、罪名並びに犯罪事実の要旨を一月ごとに一括して、微罪処理事件報告書により検察官に報告しなければならない。
二〇〇条　第一九八条の規定により事件を送致しない場合には、次の各号に掲げる処置をとるものとする。
一　被疑者に対し、厳重に訓戒を加えて、将来を戒めること。
二　親権者、雇主その他被疑者を監督する地位にある者又はこれらの者に代わるべき者を呼び出し、将来の監督につき必要な注意を与えて、その請書を徴すること。
三　被疑者に対し、被害者に対する被害の回復、謝罪その他適当な方法を講ずるように諭すこと。

微罪処分は、検察官がするべきことを事案を限定したうえで肩代わりさせる処分であるから、後述の起訴猶予の一態様である。しかし、上記の二〇〇条を見ると、起訴猶予に付された者にはない措置がとられることになっている。二〇〇条からは、刑事訴訟の大原則である「無罪の推定」への考慮が見事に欠落している。むしろ有罪の決めつけである。もちろん、捜査に当たった警察官は、収集された証拠から被疑者が罪を犯したという心証を強く抱き、被疑者も罪を認め、被害者の処罰感情もそれほど強くないからこそ執られる処分であると思われるが、被疑者に有利な取り扱いである（罪を本当に犯したかどうかにかかわらず、被疑者も早期の刑事司法過程からの離脱を望んでいる）ことをいいことに、司法判断を経ず対象者に負担を命ずることが許されるのかどうか、微罪処分基準の明確化も含めて、議論が必要であろう。

ii　起訴猶予

起訴猶予とは、犯罪の嫌疑があり訴訟条件が完備しているにもかかわらず、訴追の必要がないと判断される場合に起訴を控える、検察官による処分である。明治一八年頃から、監獄経費の増大に悩んだ政府が、「微罪不起訴」の名のもとに実務上採用した。

警察から送致を受けた事件の中で、証拠が不十分のために起訴できないケースや責任能力がないために起訴できないケースを狭義の不起訴という。同じ起訴しない処分でも、起訴猶予の方は、主観的にではあるが、検察官が起訴すれば有罪にできるケースをあえて起訴しない場合をいう。現行法は、「犯人の性格、年齢及び境遇、犯罪の軽重及び情状並びに犯罪後の情況により訴追を必要としないときは、公訴を提起しないことができる。」（刑事訴訟法二四八条）と規定し、検察官に広範な起訴裁量権を与えている。このような制度を起訴便宜主義といい、一定の条件が整った場合には起訴を強制する起訴法定主義と区別される。

少し細かくなるが、二四八条に出てくる「性格・年齢・境遇」という犯人自身に関する事項の中には、素行・性癖・知的能力、生活史・健康状態・前科前歴の有無・年齢・家庭環境・職業・交友関係などが含まれる。「犯罪の軽重・情状」という犯罪自体に関する事項の中には、法定刑の軽重・被害の大小・加重減軽事由の有無・共犯の有無・犯行の動機および方法・犯罪による利得の程度・被害者との関係・犯罪の社会的影響などが含まれる。また、「犯罪後の情況」には、改悛の情の有無・被害の回復および謝罪の努力・示談の成否・時間の経過・社会状況の推移・法令の改廃・犯人の生活状況・身元引受人の有無などが含まれる（大谷實『新版刑事政策講義』一七九頁参照）。

起訴猶予には、微罪処分型、起訴留保型、保護観察付起訴猶予型、起訴放棄型があるが、我が国のこの制度への意味付けは、起訴留保型だと言ってよい。実際の運用を見ると、殺人罪でも起訴しない例があるし、保護観察付は、以前、横浜地検で実験的に行われていたことがあるが、現在は法的根拠がなく中止されており、公訴時効の完成するまではいつでも起訴する用意があるという威嚇によって、対象者に遵法的な生活を営むよう促すことにしているのが、現行制度だからである。ただし、他の意味付けが、刑事政策的に誤っているということではない。

運用状況を見ると、全事件では、およそ六割が起訴猶予になっている（もちろんこの割合は一定しているわけではない）。猶予率が低い犯罪の第一に殺人があがるのは想像に難くない。贈収賄はどういうわけか猶予率が低いが、次に述べる執行猶予率が九〇パーセントを超え、めったに実刑になる者はいない。覚醒剤取締法違反の起訴猶予率が低いのは、再犯の可能性が高いためであろう。同じ交通事犯でも道交法違反の猶予率は低いが、これはそのほとんどが略式手続で処理されるためである。それに較べて自動者運転過失致死傷の猶予率は八〇パーセントを超えている。

男女では、女子の猶予率が高いが、これは女子の社会的役割（育児や介護）と関係があろうか。外国人は、平均より猶予率が低いが、これは公権力の対外的な原始的機能の現れである。暴力団関係者の猶予率が低いのは、公権力の性質（近親憎悪）として当然である。起訴猶予は、社会の規範意識の低下や法執行に対する信頼感の減退を引き起こさないで行われる限り、刑事政策的に優れた機能を営む。

平均して毎日全国で認知される刑事事件は一万件である。九九パーセント捜査機関の発表に依存しているメディア報道でも、そのすべての情報が国民に発信されることはない。軽微な事件は、捜査機関も記者発表しないだろう。検察官が、あたかも自分の手を煩わせるなと言わんばかりに指定するのが、前記の微罪処分対象事件であるが、検察に正式送致されてくる事件の中にも、被疑者本人には人生の一大事であっても、検察官にとってはどうでもいい（放置しても社会秩序に影響のない）事件があるに違いない。日々何十件もあるそうした事件を、検察官が、あたかもベルトコンベアー上を流れてくる製品を選別するように選別するのを制度化したのが起訴猶予処分である、という見方をすることもできる。司法官僚である検察官としては、自らの仕事の成果やそれがもたらす出世に関心がないわけではないので、できれば、国民の関心も高く（実は、この高さをコントロールできるのも犯罪情報を独占している捜査機関なのであるが）、社会の処罰感情も強い事件にその精力を傾注し、どうしても有罪を勝ち取りたい。

一般的な教科書に出てくる、起訴猶予の刑事政策的意義は、確かにそのとおりではあるが、うがった見方をすれば、それは司法官僚たる検察官の思惑の目的現象ではなく結果現象ではないかと思われる。結果現象ということは、言われるとおりの機能は果たしていることを否定する趣旨ではない。

一つ、起訴猶予は、刑事手続の効率的な運用に寄与し、不必要な費用を節減する。確かに、警察から送致されてくる事件をすべて起訴していたら、人口一〇万人あたり二・一〇人しかいないと言われる裁判官のケースロードがパンクしてしまって、裁判が長期化するか、精密司法を放棄するか、いずれにしても刑事裁判の目的は果たせない。譬えがいいかどうか分からないが、起訴猶予制度は、下流に流れる水量を調節するダムの役割を演じている。

しかし、犯罪認知件数も検挙件数も減少傾向にある中でも、起訴猶予率は上昇するという現象が見られる。つまり、起訴される者の数は、裁判官のケースロードとは直接的な関係なしに減少しているのである。もちろん、裁判官のケースロードの減少は、迅速かつ精密な裁判を可能にするから、その点では悪いことではない。ここで述べたいのは、検察官が裁判官の負担と刑事裁判の適正な運用に思いを馳せて起訴件数を調節しているのでは決してない、ということである。

二つ、起訴猶予は、対象者の社会生活からの長期間の離脱を防ぐと同時に、「前科者」というスティグマ（烙印）とそれに伴う資格制限や起訴休職（特に、公務員の場合）などの不利益を回避し、本人および家族の経済的・精神的負担を軽減する。確かに、刑事手続への取り込みは、本人にとって一大事であるから、そこから短期間で抜け出すことができるのは大きな利益である。しかし、これも検察官が意図して与えた利益ではないし、この利益は、被害者の存在する犯罪においては、その犠牲のうえに成り立っていることを忘れてはならない。

三つ、起訴猶予は、公訴時効前はいつでも起訴し得る、という威嚇力によって、再犯の防止に役立つ。しかし、実際には、起訴猶予処分を受けた者の再犯率は、一般国民の犯罪率よりもかなり高い。もともと、保安処分のところでも述べたとおり、再犯可能性の有無を現時点で判断するのは困難である。おそらく、覚醒剤取締法違反などの再犯可能性の高さが実証済みの特定の犯罪を除けば、起訴裁量をする際、検察官は、犯罪の「処理」に関心がいって、再犯可能性への配慮は乏しいのではないかと思われる。

このように、起訴猶予制度は、犯罪対策としてプラス機能を果たしてはいるが、何しろ検察官という公権力の重要な一翼を担う者の独断を認める制度であるから、問題点もある。人間行動科学の専門家ではない検察官が、再犯予防への効果的な配慮ができるのかどうかについてはすでに触れたので、ここでは、起訴裁量の乱用という問題点について述べておきたい。

前に「公権力の活動の特徴」のところで述べたように、公権力による犯罪対処活動は、国家・社会レベルで悪効果が顕在化するときには消極的になり、表れないときには積極的になる。起訴するかどうかを判断するという犯罪対処活動でも、その傾向に変わりはない。個々の検察官の正義感から見れば、巨悪を追及したいということもあるかもしれないが、官僚組織としては、仲間意識を持っている官僚、形式的にではあるが官僚組織を指揮・監督する立場にいる政治家、政治家のスポンサーである有力企業家などの犯罪は、追及して行けばいくほど、国家・社会レベルでの悪効果（体制に対する国民の信頼を失う）が顕在化するから、できるだけ早く収束させたい。ある種の外国人犯罪（海上保安庁の巡視艇に対する中国漁船の衝突事件を想起してほしい）も、国際関係の悪化を避けるために、早期の収束が図られる。野党や国民からの指弾を受けるから、指揮権発動（法務大臣が検事総長を指揮して、事実上、検察官の特定の人物への捜査を中止させる──検察庁法一四条）は、さすがに近年例がないが、捜査を担当している個々の検察官が、仲間意識や自己保身などの政治的意図で起訴しない事態を防ぐことはできない。

そこで、法令は、二つの更正措置を設けた。一つは付審判請求であり、裁判所に認められれば、検察官が起訴しなくても公訴が提起されたものと見なされ、指定弁護士が公訴の維持にあたる（刑事訴訟法二六二条以下）。しかし、この手続の対象になるのは、公務員職権濫用罪等の限られた犯罪だけであり、実効性に乏しい。

これに対して、検察審査会制度では、罪を限定せずに不起訴の正当性が判断される。検察審査会は、選挙人名簿の中からくじで選ばれた一一人の委員（任期は六カ月）で構成され、「不起訴相当」「不起訴不当」「起訴相当」の判断をする。前二者は単純多数決で議決できるが、「起訴相当」だけは八人以上の多数で議決しなければならない。この議決は、一回目の議決にもかかわらず、検察官がなお不起訴を維持した場合、再度の議決で「強制起訴」となるため、慎重を期す必要があるからである。強制起訴になった場合には、裁判所の指定する弁護士が、公訴を提起し公判の維持にあたる。

この強制起訴の在り方については、専門家である検察官の二度にわたる不起訴判断を、法律の素人である民間人が覆してよいものかどうか議論がある。これら二者の判断は、同じ土俵の上で争われるわけではない。検察官の判断が国家・社会レベルで行われるのに対して、審査会委員の判断は、検察官や弁護士である審査補助員の援助を得て行われるとは言え、正義感や被害者への配慮といった個々人レベルの発想で行われる可能性が高い。もちろん、後で議論する裁判員とは違い、その判断は、最終的には「裁判所の判断に待つ」という性質をもつから、事件処理の効率性と被告人とされた個人の負担よりも、事案の真相を明らかにし刑罰法規の適正な適用を行う、という公益性が高ければ、国家・社会レベルでもその機能は妥当であるとせられるべきであろう。

不当な起訴については、裁判所の裁量に待つ以外に方法はない、という説明が行われることが多い。しかし、不当な捜査や取調、不当に長い勾留の結果としての起訴であれば不当性をもつであろうが、そうでなければ、本流が貫かれるだけであるから、「不当な」起訴ということはありえない。刑事訴訟法二四八条は、あくまでも検察官の裁量権を認めただけで、軽微な事件だから、再犯可能性がない被疑者の事件だからといって、被疑事実の真相を明らかにしなくていい、ということにはならない。

なお、起訴猶予期間は、公訴時効の成立までの期間であるから、長期間対象者を不安定な立場におくことになる、という問題点があげられることもあるが、無罪の推定される有罪確定の前とはいえ、被疑者にとっては起訴猶予による実質的利益が大（遵法的な生活を営んでいるかぎり、被疑者は、何ら強制的な措置を受けるわけでもなく、通常は、事件が蒸し返される懸念はない）であるから、分相応なデメリットである。

検察官は、司法官僚としての性質上、有罪が確実視される事件しか起訴しないし、裁判官の方もそういうものだと思っているから、有罪率が九九・九パーセントという異常な数字になっているのも不思議ではない。検察官の起訴裁量が、実質的に有罪・無罪の分水嶺になってしまい、裁判官の有罪・無罪の判断にバイアスを与える結果になっている。被疑者の中には、取調べの厳しさと長期間にわたる勾留に嫌気がさして（自白をしないと、証拠隠滅の虞れがあるとして、勾留の延長が繰り返されることを人質司法という）、虚偽自白をする者があるが、それに基づいて作成された調書が裁判で証拠採用されるケースが多いのも、裁判官のこの思い込みが原因である。そういう意味では、起訴便宜主義は、間接的にではあるが、刑事裁判に暗い影を落としている（冤罪を誘発する）面があることを否定できない。

iii　刑の執行猶予

①執行猶予の意義

執行猶予とは、刑の言渡しをする場合に、情状によって一定期間その執行を見合わせ、その期間を無事経過したときには、刑の言渡しそれ自体を失効させる制度である。具体的には、「被告人を懲役三年に処する。ただし、刑が確定した日から五年間その執行を猶予する。」というように言渡す。

執行猶予も猶予制度であるから、自由刑あるいは罰金刑の執行という本流から一旦逸らして対象者の行状を観察し、猶予期間中遵法的な生活を営んで期間を無事経過すれば、刑の言渡しの失効という形で公権力の干渉から自由にするが、期間中取消事由が発生すれば、本流に戻すことになる。起訴猶予については、特に取消事由を法定してはいないが、執行猶予については、必要的取消事由（刑法二六条）と裁量的取消事由（二六条の二）を設けている（詳しくは後述）。

沿革的には、この制度も、監獄の過剰拘禁を防止する目的で、明治三八年「刑の執行猶予に関する件」で導入され、現行刑法二五条に継受された。昭和二二年の刑法大改正時に、「二年以下の懲役又は禁錮」から「三年以下の懲役又は禁錮」に拡大して適用されるようになり、あわせて罰金刑にも拡大された。また、昭和二八年には、再度の執行猶予が認められるようになり（二五条二項の追加）、保護観察付執行猶予の導入も行われた。この保護観察は、昭和二九年に、初めて執行猶予を受けた者に対しても付けることができるようになった。

執行猶予は、後に述べるような刑事政策的機能を営むのは事実であろうが、刑種の少ない我が国においては、刑種にヴァライエティーを与えるという役割も大きい。すなわち、公権力による干渉が多い（刑として重い）順に、懲役・禁錮実刑→保護観察付執行猶予→単なる執行猶予というふうに、量刑における裁量の余地を広くしている。判例でも認められているように、たとえば、懲役二年の実刑判決よりも、懲役三年・執行猶予五年の判決の方が軽いのである。たった三種類しかない自由刑であるが、執行猶予の付かない拘留を除いて、刑期による軽重のみではなく、実質的に刑種による軽重も可能にしているのが、執行猶予制度である。

②現行制度とその運用

現行制度では、三年以下の懲役または禁錮、五〇万円以下の罰金の言渡しをする場合に、情状により、一年以上五年以下の期間、その執行を猶予することができる。

初めての執行猶予が受けられる条件は、1過去に禁錮以上の刑に処せられたことがない、2過去に禁錮以上の刑に処せられたことがあっても、その執行を終わった日またはその執行を免除された日から五年以内に禁錮以上の刑に処せられたことがない、である。2は少し複雑だが、たとえば、前に懲役三年の実刑を言渡された者なら、八年間公権力の手を煩わせずに無事過ごせば、執行猶予が受けられる、ということである。

再度の執行猶予（保護観察付でない執行猶予中にさらに罪を犯した場合）が受けられる条件は、一年以下の懲役または禁錮（罰金は含まれないことを注意）を言渡す場合で、情状が特に酌量すべきときである。

保護観察は、初めての場合には裁量的に、再度の場合には、それだけ再犯可能性が高まっている情況なので必ず付ける。この保護観察の内容は、基本的には、「保安処分」の項で説明したものと同様、改善更生を図ることを目的とした指導監督・補導援護である（更生保護法四八条以下）。裁判員裁判が始まってから、保護観察付執行猶予の割合は増加傾向にある。

前に触れた執行猶予の取消しというのは、どのような場合か。刑法では、必要的取消し事由として次の三つを規定している（二六条）。1——猶予の期間内に更に罪を犯して禁錮以上の刑に処せられ、その刑について執行猶予の言渡しがないとき。2——猶予の言渡し前に犯した他の罪について禁錮以上の刑に処せられ、その刑について執行猶予の言渡しがないとき。3—猶予の言渡し前に他の罪について禁錮以上の刑に処せられたことが発覚したとき。3については、上記の初めての執行猶予が受けられる条件の2に該当する場合は、必ず取消されるということはない。

次に、裁量的取消し事由も三つ規定されている（二六条の二）。1—猶予の期間内に更に罪を犯し、罰金に処せられたとき。2—保護観察付執行猶予を受けている者が遵守すべき事項を遵守せず、その情状が重いとき。3—猶予の言渡し前に他の罪について禁錮以上の刑に処せられ、その執行を猶予されたことが発覚したとき。

このような事由に当たる場合には、執行猶予が取消されて、刑の執行が宣告刑どおりに行われる。

運用状況を見ると、執行猶予は、懲役刑の約六〇パーセント弱、禁錮刑の九〇パーセント強に付けられ、全体では自由刑を宣告される者の約六〇パーセントにあたる。しかし、平成に入って、懲役刑に執行猶予の付く者の割合はやや減少傾向にある。保護観察付は、一割程度であるが、この割合も減少傾向にあった。ただ、前述のように、裁判員は、単なる執行猶予には不安があるようで、保護観察を付ける傾向が裁判官だけのときよりも強い。執行猶予の取消し率は、おおむね一〇から一五パーセントで推移しているが、保護観察付の者の方が一〇ポイント程度高い。これは、保護観察の失敗というよりも、もともと国家的干渉の必要性が高いと目される者に保護観察が付けられた、という経緯、すなわち量刑が特別予防に対する考慮よりも刑の軽重という観点からなされていることに起因する。

なお、罰金刑の執行猶予は、例外的にしか用いられていない。

③執行猶予の最も重要な機能

執行猶予の最も重要な機能は、刑務所の人口調整である。平成二二年末における既決囚の収容定員は七万二千一二九人であるが、平成一二年から二〇年にかけては、収容率が一〇〇パーセントを超える、いわゆる過剰拘禁状態にあり、各地で六人定員の雑居房に八人収容せざるをえないという事態が生じていた。自由刑を宣告される者のうち六〇パーセント強執行猶予が付けられるということがなければ、刑務所はパンクしてしまって、受刑者の処遇は立ち行かなくなる。居室だけの問題ではなく、刑務作業の割り振りもできない。

国家財政逼迫の折から、平成一一年には、「民間資金等の活用による公共施設等の整備等の促進に関する法律」が制定されて、それ以降、ＰＦＩ（Private Finance Initiative）手法による社会復帰促進センターが四カ所建設された。合計定員は六千人である。これにより定員超過の刑務所は減少したが、全体の収容率は依然として九〇パーセントを超えている。司法の厳罰化傾向の影響で、懲役の執行猶予率が減少傾向にあることが原因かもしれない。執行猶予が、自由刑の執行経費の削減に寄与していることだけは間違いない。

執行猶予は、短期自由刑の弊害回避に役立つと言われる。しかし、典型的な短期自由刑である拘留には制度上執行猶予は付けられないし、短期とは言えない三年の懲役・禁錮には執行猶予を付けられる。確かに、実刑と執行猶予付では天と地の差があり、それゆえ弁護人も、執行猶予を勝ち取るために懸命に情状を訴えるのである。執行猶予になれば、社会生活を継続でき（三年以下の懲役・禁錮が言渡される事件では、保釈になっている被告人も多いと思われるから）、その結果として、「刑務所帰り」というレッテルを回避できる。家計の維持者の場合は、職業を維持あるいは獲得できれば、家族を困窮に追い込むこともない。実刑に較べれば、刑の言渡しの効果も早期に解消できるから、精神的な負担からも解放される。

さらに、執行猶予は、取消事由を設けることで、刑の執行の可能性で対象者を威嚇し、自律的な改善・更生を促進させる。保護観察付の場合は、社会内処遇という積極的なアプローチにもなり得る。

④執行猶予の問題点

しかし、執行猶予にも問題点がないわけではない。

保護観察付の場合はもちろん、付かない場合にも、対象者の再犯率は一般人に較べてずっと高い。これは、判決前調査制度のない現行法のもとでは、前述のように、対象者の選択が、再犯可能性に基づくものではなく、犯した罪の軽重と情状に基づくためである。かと言って、執行猶予者を減らすのは、刑務所の実情から見て非現実的であるから、再犯率の高さが大きなデメリットにならないように、特に、保護観察付の場合には、処遇の内容を工夫する必要があるだろう。

次に、執行猶予付判決を受けて一般社会における生活を続けることができても、資格制限を回避することはできない、という問題もある。法曹や教員は、今の仕事を辞めなければならない。改正刑法草案七〇条のように、裁判所の裁量で資格制限を避けられる規定のない現行法のもとでは、こうした事態は避けられない。この点、政治家はさすがに自分に不利益になるような法律は作らないもので、公職選挙法は、公民権の制限について、わざわざ「刑の執行猶予中の者を除く」（一一条一項三号）と規定している。

先ほど、執行猶予の機能として、刑の言渡しの効果を早期に解消できると書いたが、資格制限との関係では、形式的に見ると執行猶予付の方が不利になる場合もある。これは、必ず猶予期間の方が宣告刑期よりも長い（たとえば、懲役三年執行猶予五年という判決はあっても、懲役三年執行猶予二年という判決はない）という慣行（法的制約ではない）があるためであるが、一般公務員のように、刑の執行が終われば直ちに資格が回復する職種では、実刑の方が執行猶予が付く場合よりも早く資格が回復する。ただ、これはあくまで形式論理であって、実刑の執行終了後直ちに公務員になれる人がいるわけではないし、この理由で、わざわざ実刑になりたいと思う人もいない。

最後に、現実の問題として、執行猶予付判決の場合、刑の量定が重くなる傾向がある。すなわち、実刑なら二年の懲役で済むところを、執行猶予を付けるケースでは三年の懲役（執行猶予五年）にする。これでは、取消しの場合、より長期の刑に服さなければならなくなる、というのである。しかし、取消しは、自らの努力で回避することができるのであるし、長期の刑に服することになるという威嚇が、自律的な改善・更生を促す、という面もある。

なお、平成二三年に法制審議会の答申を受けて、刑の一部の執行猶予という制度の導入を内容とする法案が国会に上程された。この制度では、三年の懲役を言渡す際に、二年は実刑とし、残り一年の執行を、たとえば三年間猶予する、ということにする。しかし、この制度は、現行の執行猶予の最大のメリットである自由刑執行経費の削減という機能を果たさないし、実刑期間と猶予の期間の配分を判決言渡し時に何を根拠に行うのかも見えてこない。

このような議論が出てくるのも、おそらくは仮釈放に伴う保護観察（パロール）の期間が短すぎて実質的な効果をあげにくいという危惧があるからであろうが、その点は、パロールの期間と内容の改善で対応すべきであって、執行猶予制度をいじるべきではない。

### iv　宣告猶予

現行制度ではないが、諸外国で行われている宣告猶予について、少し触れておく。

宣告猶予には、判決の宣告猶予と刑の宣告猶予がある。前者は、有罪は認定しておくが言渡さず、条件を付けて釈放し、後者は、有罪の宣告はするが刑を言渡さず、条件を付けて釈放する。どちらも一定期間内に条件違反があったときには有罪と刑を言渡すものである。この制度は、有罪認定後、善行保証付きで刑の宣告を留保するイギリスの裁判上の慣習が起源で、英米法系で発達し、現在では、ベルギー、デンマーク、スウェーデン、ノルウェーなどで採用されている。

この制度を採用するには、日本とは違って、有罪の認定と刑の言渡しが（たとえば、陪審裁判制度などが採用されていて）分離されていることが前提であり、しかも、適正な運用のためには判決前調査制度が必要である。イギリスでは、プロベーション・オフィサーが判決前調査報告書（pre-sentence report）で判決内容を勧告する。

### v　仮釈放

①仮釈放の意義と要件

仮釈放とは、行政官庁（地方更生保護委員会）の決定によって、収容期間の満了前に条件を付けて釈放することをいう。現行法では、懲役・禁錮受刑者に対する仮釈放、拘留・労役場留置者に対する仮出場、少年院・婦人補導院収容者に対する仮退院がある。このうち、仮出場は、「仮」とは付いているが、取消処分がないので、仮出場＝執行終了を意味する。ここでは、主に懲役・禁錮受刑者に対する仮釈放を念頭に説明する。

なお、地方更生保護委員会は、仮釈放の許可や処分の取消を行う（更生保護法一六条）準司法機関であり、任期三年（一八条）の委員三人から一二人で構成される。全国定員は五五人。各委員会の委員長は法務大臣から任命される（一九条）。構成員の条件について法律に特別の規定はないが、実際には矯正関係者から採用されることが多い。

沿革的には、イギリスの流刑地であったオーストラリアで、過剰拘禁の緩和、施設秩序の維持を目的として、改悛の情の認められる者を条件付で釈放したのが起源だと言われる。つまり、このときには、模範囚に対する賞＝飴（問題を起こさなければ早く出られるよ）として行われていた。それが、一九世紀中頃に、本国イギリスで累進制度（簡単に言えば、行状のよい者に対して徐々に自由の制約を緩めていく制度）の最終段階として採用され、アメリカでパロールとして普及し、ヨーロッパ大陸にも波及した。我が国では、人足寄場（一七九〇年）で始まったと言われる。旧刑法（明治一三年）は、有期刑の場合刑期の四分の三、無期刑の場合一五年経過した後、警察監視付の仮出獄を認めていた。

明治四〇年制定の現行刑法二八条によると、仮釈放は、有期刑の場合は刑期の三分の一、無期刑については一〇年経過を形式的要件とし、改悛の「状」（実質的要件）の見られる者を対象に行われる。「状」を括弧に入れたのは、通常、改悛は内心的なものだから「情」（「りっしんべん」は心を表す）を使うはずなのに、立法者がわざわざ「状」を用いた意味が大切だからである。「状」は客観的状態を表す。したがって、受刑者が「罪を悔いている」ということが客観的に観察できるような状態でなければならない。この判断は、実際、受刑者と日常的に接している刑務官でも難しい。もっと冷めた見方をすれば、いわゆる模範囚が本当に「悔悟の情」を抱いているのかは分からないが、模範囚を「改悛の状なし」とするわけにはいかない。

実際の運用は、「改悛の状」よりも厳しい基準の下に行われている。「仮釈放及び保護観察等に関する規則」によれば、1—悔悟の情が認められること、2—更生の意欲が認められること、3—再犯のおそれがないこと、4—社会の感情が仮釈放を是認すると認められること、が必要である。

なお、少年については、仮釈放の形式的要件が緩和されていて、無期刑については七年（ただし、一八歳未満の少年で死刑を言渡せないために無期刑とした場合は一〇年）、有期刑については三年、不定期刑については短期の三分の一経過となっている。

仮釈放を許された者は、仮釈放期間中（現在は残刑期間）保護観察に付する（更生四〇条）。これをパロールという。この点は、仮釈放の性質を考えるときに重要である。前に述べたように、保護観察は、一般遵守事項と特別遵守事項を定め、対象者の改善・更生をめざして指導監督・補導援護する処分であるから、それを必ず付随させる仮釈放は、この観点から見るかぎり施設内処遇から社会内処遇への橋渡しという性質をもつことになる。

②仮釈放の手続き

刑務所長は、受刑者の刑期が上記の形式的要件を満たしたときには、その旨を地方委員会に通告しなければならない（更生保護法三三条）。また、刑務所長は、受刑者が上記の実質的要件の基準も満たしたと認めるときには、地方委員会に対し、仮釈放を許すべき旨の申し出をしなければならない（三四条一項）。この申し出にかかわらず、地方委員会は、必要があると認めるときは、仮釈放を許すかどうかに関する審理を職権で開始することができる。その場合は、審理の対象になるべき者が収容されている刑務所の長に意見を聴かなければならない（三五条）。この職権による審理を開始するかどうかの判断にあたっては、対象者との面接、関係人に対する質問その他の方法により、調査を行うことができる。この場合には、刑務官への聴取や対象者との面接の立ち会いなどの協力を求めることもできる（三六条）。仮釈放を許すかどうかの審理に当たっては、委員が直接対象者に面接する。また、必要があると認めるときは、対象者について、保護観察所長に対し、生活環境の調整（釈放後の住居や就職先の確保など）を行うことを求めることができる（三七条）。平成一九年からは、被害者等からの意見聴取制度が始まった（三八条）。

地方委員会は、決定をもって仮釈放の処分を行う。その場合、釈放日と帰住地を特定する。釈放日までに仮釈放を許すのに不都合な事情が生じたときには、決定は失効し、仮釈放を許すかどうかの審理を再開しなければならない（三九条）。

仮釈放許可の決定を受けた受刑者には、社会復帰が円滑に行われるように特別の釈放前処遇が行われる（二週間程度）。刑務所へ行くと、こうした受刑者向けの鍵のない一軒家が用意されていて、自炊もできるようになっているのを見ることができる。刑事施設法は、この期間における受刑者の処遇は、できる限り、これにふさわしい設備と環境を備えた場所で行うものとし、必要に応じ、外出や外泊を許し、その他円滑な社会復帰を図るため必要な措置を執るものとする（八五条二項）と規定している。ただし、この規定は、仮釈放対象者だけに適用されるわけではない。

③仮釈放の取消し

仮釈放は「仮」釈放であり、猶予制度の一つであるから、条件違反の場合には本流へ回帰する。これが仮釈放の取消しである。

刑法二九条一項には次の四つの取消し事由が規定されているが、これらの事由があっても「取り消すことができる」だけであるから、取消しの裁量権は地方委員会がもっている（更生七五条一項）。

一　仮釈放中に更に罪を犯し、罰金以上の刑に処せられたとき。
二　仮釈放前に犯した他の罪について罰金以上の刑に処せられたとき。
三　仮釈放前に他の罪について罰金以上の刑に処せられた者に対し、その刑の執行をすべきとき。
四　仮釈放中に遵守すべき事項を遵守しなかったとき。

この四号を理由とする地方委員会の決定は、保護観察所の長の申出によらなければならない（七五条二項）。

仮釈放の処分を取り消したときは、釈放中の日数は、刑期に算入しない（刑法二九条二項）から、仮釈放日に戻って残りの刑の執行を受けることになる。再度の仮釈放を禁ずる規定はないが、無期刑かよほど長期の有期刑を執行されている者でないかぎり、常識的には考えにくい。

仮釈放を取り消される者の比率は、保護観察付執行猶予者に較べてきわめて低く、わずか数パーセントである（減少傾向にある。ただし、仮釈放期間終了後の再犯率は、一般人の犯罪率に較べてきわめて高い）。これは、猶予期間（保護観察）が相対的に短いことにもよるが、仮釈放中に就職できる者が多いことも理由の一つとしてあげられる。また、仮釈放の取消はあくまで地方委員会の裁量に委ねられている（上記の事由があっても必ず取消さなければならないわけではない）ので、特に四号の事由による場合には、地方委員会が仮釈放を取消して刑務所に戻すよりは、保護観察を継続し強化した方が、対象者の社会復帰に資すると判断することもありうる。

④仮釈放の機能と問題点

改悛の状という実質的要件によって仮釈放は弾力的に行われているが、有期刑の三分の一、無期刑では一〇年経過すれば仮釈放の「可能性」があることだけは間違いない。この形式的要件は、自由刑の項で説明した相対的不定期刑の現実化である。すなわち、三年の懲役は、形式的には「一年以上三年の懲役」となり、無期懲役刑は期間を定めないという意味ではなく、一〇年以上終身の懲役ということになる。使いようによっては、不定期刑制度の趣旨を生かせないわけではない。

しかしながら実際には、この幅を受刑者の犯罪的危険性の消滅と関連させて生かしているわけではないらしい。善良な一般国民から見れば、そもそも何で裁判所が罪の償いとして必要だと判断して言渡した宣告刑を、一行政官庁の裁量で大幅に覆すことができるのか不思議で仕方ない。仮釈放の実質的要件を具体化する項目の中に「社会感情」が入っているのも、このような世論を考慮したものとも言える。

仮釈放には、その創設時から、（飴と鞭の）飴を与えて施設秩序の維持を図る、という機能が期待されてきた。また、それと同時に、刑務所の人口を調節して過剰拘禁を回避し、施設維持費用を節減する、というもくろみもあった。

確かに、刑務所人口のほとんどを占める有期刑の受刑者にとって、宣告刑の刑期の三分の一で釈放されるとなれば、それは改善・更生のためにも模範的な受刑生活を送るうえでも大きなインセンティヴになるはずである。しかし、被害者（遺族）を含めた社会感情は厳罰化の傾向にあり、行刑当局にも地方更生保護委員会にも、刑期の三分の一経過で釈放を認めるだけの自信はない。事実、刑の執行率は、平成に入って、七〇パーセント未満は低下傾向（数パーセント）にあり、九〇パーセント以上は上昇傾向（三〇パーセントに迫る）にある。すでに刑務所は、懲役・禁錮を法定刑として定める罪を犯した者の一パーセント弱しか入らない、犯罪者の「エリート」のための施設であるから、こうした数字が出てくるのも当たり前と言えば当たり前である。

累犯者には、ほとんど仮釈放はない。二度目以上の者は、経験上、仮釈放がないことはわかっているから、制度的な意味での仮釈放が「飴」にならないのは目に見えている。上記の刑の執行率から見れば、仮釈放が施設維持費用の削減に貢献しているとも思えない。ではなぜ仮釈放か。

刑務所は、プライバシーも自己決定権もほとんどない、一般社会とは掛け離れた社会である。単一の性、ヴァライエティーのない服装、金銭を使うことがない、嗜好品のない食生活、そして、刑務所長を頂点としたフォーマルな社会と受刑者仲間におけるインフォーマルな社会との二層構造を特徴とし、受刑者仲間では隠語が使われる社会である。正常な神経の持ち主なら、自尊心と羞恥心をずたずたにされ、拘禁性精神病に罹患するという。こうした社会から自由な一般社会に急にほうり出されたなら、戸惑うしかないだろう。しかも、ほとんどの者は、一カ月暮らせるほどの金銭も持ち合わせていない。

一般社会で遵法的な生活を送るための基盤になるのは就職である。大学生でも就職困難な時代に、履歴書の書き方一つも知らない者がどうやって就職先を見つけるのか。行刑当局としても、安心して釈放することはできない。満期釈放では、最後の二週間釈放前の特別処遇を施したとしても、こういう事態が生じる。もちろん、国もこうした事態を放置しているわけではなく、更生緊急保護の措置を講じている（更生保護法八五〜八七条）。それでも、期間は六カ月に限られているし、与えられる援助も限定的である。釈放者の五割以上が再犯によって刑務所に戻ってくるという現実の一要因がここにある。

その点、仮釈放に付随する保護観察は、社会内処遇として、刑務所の生活から一般社会での生活へのクッションの役割を演じている。なぜなら、保護観察における指導監督（遵守事項を守らせる）は、自由のない状態から完全な自由を持つ状態への中間形態になっているし、補導援護は、就職援助も含むからである。保護司によるこうしたサポートは、保護観察終了時に有職率が飛躍的に増大しているという事実からも、その成果がうかがえる。しかし、現行制度の運用では、保護観察付仮釈放（パロール）のメリットを十分に生かすことができない。どうしてかと言えば、刑の執行率が立法者の意図に反して異様に高いうえに、前に述べた仮釈放の実質的要件である改悛の状を具体化する四条件を早く満たした者（いわば模範囚）ほど保護観察期間が長く、遅く満たして満期釈放に近い時期にはじめて仮釈放を認められた者ほど保護観察期間が短い、という矛盾した状態になっているからである。保護観察期間が長い方は、いくらでも融通が利く。たとえば、特別遵守事項を取消して自由の範囲を拡大する（更生五三条二項）という方法もある。ところが短い方はどうしようもない。

そこで、このような機会をすべての釈放者が一定期間与えられるように、いろいろな提案がなされている。

一つは、必要的仮釈放制度である。これは、一般社会の生活から長期間離れている者（つまり、それだけ刑務所の生活に慣れてしまっている者）を対象に、刑期の一定割合（六分の五が提案されたことがある）を経過した場合には必ず仮釈放にし、残刑期間保護観察を行う、というものである。仮釈放中に条件違反があれば再拘禁するという威嚇力はあるが、受刑者から見れば、満期釈放の時期が早まったのと一緒であるから、「改悛の状」を示す必要もなく、善行保持のインセンティヴをもたない。仮釈放時期の定め方によっては、十分な保護観察期間を確保できるのかも疑問である。

二つは、仮釈放であるか満期釈放であるかを問わず、一定期間（たとえば一年間）だけは最低限保護観察に付する、という制度である。この制度については、満期という刑の執行を終わった者に自由制約を伴う措置を講じることが、行為責任の原則に抵触しないかが問題となる。しかし、保護観察付執行猶予でも、宣告刑より長く保護観察を付け得るのであるから、あらかじめ法定しておけば、それほど深刻な問題ではない。

それよりも、保護観察の条件違反があった場合でも、満期釈放者に対してはなんらペナルティーを科し得ないという状況下で、保護観察の成果はあがるのか、という問題の方が重要である。ここで遵守事項違反罪を設けるという対処方法は何の解決にもならない。

## 三　裁判員制度

### (1)　裁判員制度の始まり

平成一七年に裁判員制度を見越した「公判前整理手続」が導入され、平成二〇年一二月には「被害者参加制度」が開始された。そして、平成二一年五月に、「裁判員の参加する刑事裁判に関する法律」（以下、裁判員法）が制定以来五年を待って施行された。これらはどれも、これまでの刑事裁判を大きく変革する制度である。

「公判前整理手続」は、裁判官の予断を排除するために採られてきた「起訴状一本主義」を変更し、裁判官と訴訟当事者である検察官・弁護人（被告人は参加しなくてもよい）が裁判の進め方、証拠の取り扱い方についてあらかじめ話し合う手続であり、裁判の迅速化を目的としている。これまでのいわゆる「精密司法」から「核心司法」への転換である。この手続きにより、裁判官は、公判以前に事件の様相と被告人の罪を立証するための証拠に深く関与することになった。

「被害者参加制度」は、近年における被害者の地位向上の流れの中で生まれ、被害者またはその遺族が、あたかも当事者のごとく被告人に直接尋問することができるだけではなく、検察官とは別に求刑までできる制度である。この制度の導入は、量刑の中で被害者感情をどの程度考慮すべきかという問題を突き付け、裁判官は、裁判員の量刑判断への情緒的影響も考えなくてはならなくなった。

後に詳しく述べるように、刑事裁判は、言うまでもなく、被害者（遺族）の復讐を代行するものではない。むしろ、犯罪により毀損された社会秩序を公権力の手によって修復するための「儀式」であり、修復的司法を推奨する論者の言うような、加害者と被害者そして地域社会の関係修復の機能を果たす場ではないのである。あくまでも国家が罪を犯した者を訴追し、その責任に応じた刑罰を科す、国家対個人の対決の場である。それゆえに質量ともに力の弱い被告人に、憲法上も、それを受けた刑事訴訟法においても、特段の防御権が与えられているのである。被害者（遺族）が、被告人に対して一言物申したい、求刑という形で恨みをぶつけたい、という気持ちは十二分に分かるが、刑事司法において被害者（遺族）の保護は別の形を採った方がよい。彼らにそのような立場を与えることで得られる刑事政策上の利点は何もない。被害者保護は、犯罪被害が復讐を呼び起こすなどの新たな犯罪要因にならない限り、刑事政策の問題ではなく福祉政策の問題である。

少し道がそれたので、話を裁判員制度に戻そう。

「裁判員制度」は、司法制度改革審議会の発案により平成一六年に立法化された。この審議会の立場は、現在の刑事裁判制度に格別の欠陥があるわけではないが、刑事裁判への国民参加は世界の潮流であり、裁判に国民の常識を反映させることにより、裁判への国民の信頼を今以上に高めることができる、とするものである。しかし、この審議会は、西野喜一が指摘するように、現在の裁判システムのどこにどのような問題があり、それが何に起因しているのか、その不都合を克服するためにはどのような対応を取ればよいのか、それによってシステムはどのようによくなると予測できるのか、という根本的な問題について全くといっていいほど議論していない（『裁判員制度の正体』講談社現代新書一九〇三、五六―五八頁参照）。

推測できるのは、英米の陪審員制度を推奨するグループに対して、それに反対する法務省・最高裁が、ドイツやフランスで行われている参審制度をモディファイした裁判員制度を推し進めた、ということらしい。一事件あたりの裁判員の数が国会での議論まで定まらなかったのは、できるだけ人数を多くして陪審制に近づけようとする勢力と、数を少なくして参審制に近づけたい勢力との葛藤があったからではないかと言われている。いずれにしても、裁判員制度は、確かに、国民の司法参加という理念は明確であるが、その導入によって刑事裁判がどのように改革されるのかという議論はネグレクトされ、いわば妥協の産物として登場してきたようなのである。研究者、特に刑事訴訟法の研究者の間でも、裁判員法制定前後は、この制度をどのように円滑に進めるかという議論が中心で、制度そのものの是非を論ずる者は少なかった。これまでの議論でネグレクトされた部分に刑事政策の視点から光を当て、裁判員制度が民主主義社会における刑事裁判制度として妥当なものであるかどうかを検討していく作業が必要である。

### (2) 刑事裁判の在り方

刑事訴訟法一条は、「この法律は、刑事事件につき、公共の福祉の維持と個人の基本的人権の保障とを全うしつつ、事案の真相を明らかにし、刑罰法令を適正且つ迅速に適用実現することを目的とする。」と規定する。この条文は、刑事裁判において、公共の福祉との関係では「犯人の取り逃がし」の防止、個人の基本的人権の保障との関係では、その毀損の最たるものである「冤罪」の防止を求めている。

しかし、この「犯人の取り逃がし」の防止と「冤罪」の防止は相矛盾する。前者を防ごうと思えば後者はないがしろになるし、逆の場合も同じである。旧刑事訴訟法時代までは、「犯人の取り逃がし」の防止に重点がおかれ、「自白は最強の証拠」とされて、場合によっては自白を得るための拷問も公然と認められていた。犯罪は、公権力が、最も社会秩序を危うくすると考える行為である。犯罪が起これば、公権力は失われた社会秩序を取り戻すために犯人を特定し適切に処罰することによって、依然として社会秩序が揺るぎないことを示さなければならない。罪が犯されることは、その防止という責務を負わされた公権力にとっては汚点であり、その存在意義を問われる事態である。特に、重大犯罪が頻発し、公権力がその鼎の軽重を問われる事態になれば、事案の一件落着が優先されることになる。何度も指摘するように、公権力にとっては、個々人の基本的人権の保障よりは社会秩序について人々が不満をもたない状態の方が、その性質上好ましい訳であるから、多少の冤罪はやむを得ない。否むしろ、冤罪と分かっていても事件の外形的な解決の方が優先される場合だってある。第二次世界大戦後の混乱期に、多くの冤罪事件が集中したのは、そのような事情からであると解るし、冤罪であったことが国家の安定期に再審無罪という形で明らかにされたのも、公権力が社会秩序の維持について自信を回復した、つまり、冤罪が明らかにされてもそれによる人々の公権力に対する信頼に揺らぎが出る可能性は少ないと見なせるようになったタイミングだったのであろう。

現在の刑事訴訟は、形式的には、逆の立場を取った。すなわち、「無罪の推定」であり、「疑わしきは被告人の利益に」であり、そして、「たとえ十人の有罪者を逃すとも一人の無辜も罰してはならない」である。「十人」は絶対数を表すから、この原則は、何人有罪者を逃しても、絶対に冤罪は許さない、という趣旨を高らかに謳ったことになる。現代国家は、犯人の取り逃がしには目をつむり、無辜を処罰しない方を選んだのである。現行憲法は、その三一条以下に、被疑者・被告人の権利を詳細に規定し、特に、三八条は、冤罪の源泉とされる自白の証明力の限界を定める。これらの条文を受けた刑事訴訟法も、自白については重ねてその限界を示し（三一九条）、また伝聞法則を取り入れる（三二〇条）など、冤罪処罰を避ける工夫を施している。果たしてこれは、冤罪を生まずに真犯人を適切に処罰できるという、現行刑事司法制度の在り方に対する公権力の自信の表れとみるべきであろうか。それとも、多少の真犯人取り逃がしは社会秩序維持に大きな影響を与えない、と考えてのことであろうか。

我が国の刑事事件の取り扱いで顕著なのは、検察官による起訴便宜主義の活用であるということについては何度か触れた。平成一〇年から二〇年の動きを見ると、起訴率と起訴猶予率の割合は、平成一〇年がおおよそ六対四だったのに比べて、平成二〇年は真逆の四対六になっている。後にも指摘するが、おそらく想像に難くないさまざまな理由から、検察官は立証が困難な事例は起訴しないのである。ここで形式上冤罪のリスクは減少する。ただし、こうした原則や運用は、被害者（あるいは遺族）のいる犯罪では、その処罰感情を犠牲にするものだということを忘れてはならない。しかも、われわれは、本当に、一人の無辜を処罰しないために何人もの真犯人の取り逃がしが起こることに目をつむることができるのだろうか。

刑事訴訟法一条には、事案の「真相の究明」と刑罰法令の「適正且つ迅速な適用実現」も目的として掲げられている。実は、同条前段と同様、ここにも相容れない点が認められる。刑罰法令の「適正な」適用実現のためには事案の真相究明が前提条件である。しかし、事案の真相究明のためには一定の時間が必要になる。何をもって「迅速な」というのか必ずしも明らかではないが、少なくとも一審だけで数年もかかる裁判は迅速とは言えないであろう。

これまで我が国では、「精密司法」といって、迅速さよりも、できるだけ「神のみぞ知る真実」に近い真実の追求に意を用いてきた。真犯人の行為に刑罰法令を適正に適用するためには、それが有益だと考えられたためである。ただ、「精密司法」は、被告人の利益を犠牲（たとえば、長期間の勾留）にして行われた面がある。それを改めようとするのが、裁判員制度であり、「核心司法」を導く公判前整理手続である。果たしてこれらが上記の矛盾を解決する処方箋になったのか、後に詳しく述べようと思う。

## （3）現在の刑事裁判の問題点

第一かつ最大の問題点は冤罪である。第二次世界大戦後だけでも、四人の死刑囚について再審無罪が言渡されているし、近年でも、富山の強姦事件で真犯人が確認され、足利事件でＤＮＡ鑑定の誤りが指摘された。処刑された死刑囚について冤罪の可能性を示唆する著作もある（森達也『死刑』朝日出版社）。「無実の者を処罰してはならぬ」ということが刑事裁判における最高の規範であるとあれほど誓ったにもかかわらず、何故これ程までに冤罪が繰り返されるのであろうか。

我が国の刑事裁判において、有罪率は九九・九パーセントである。検察官が起訴した事件は、ほぼすべて有罪になる。（2）で述べたとおり、我が国では、検察官の起訴裁量が活用されていて、検察官は有罪の立証に自信のもてる事件しか起訴しない、とわれわれも考えているし、恐らく長期間にわたる経験則から、裁判官もそのような認識をもっていると推量できる。また、裁判では、捜査機関の作成する被疑者や証人の供述調書の証明力が、公判における供述の証明力よりも高く認定される傾向がある。ただし、裁判員裁判では、裁判員は供述調書を読まず、公判における供述しか聴かないから、この傾向は修正されつつあるという指摘もあるが。

少し考えてみれば、憲法三八条やそれを受けて制定されている刑事訴訟法三一九条が、文字通り規範として確立されていれば、明らかに長期間にわたる取り調べによって得られた自白の信用性には疑問符が付くはずであろう。しかも、我が国にはミランダ・ルール*があるわけではないし、取調時の弁護人立会権もない。

＊　ミランダ・ルールというのは、一九六六年アメリカ合衆国の連邦最高裁がミランダ事件において認めたルールである。これは、「あなたには黙秘する権利がある。あなたの証言は法廷で不利に扱われることがある。あなたには弁護士と相談し、尋問中弁護士を同席させる権利がある。経済的理由で弁護士を雇えない場合、公費で弁護士を雇うことができる。」という警告を欠いた証言の証拠能力を否定する。

取調の全面的可視化にも、捜査機関は難色を示している（平成二四年九月三日の最高検の発表によれば、裁判員裁判対象事件や特捜部などによる独自事件に限定して、全国の地検は、被疑者が取調室に入ってから退室するまでの全過程を可視化するという。ただし、警察の取り調べの全面可視化については触れられていない。）。こうした孤立無援の中で、被疑者は強大な権力と対峙して行かなければならない。無罪を主張する多くの被告人が、こうした中で自白を強要されたと訴えているのである。和歌山ヒ素入りカレー事件のように被疑者の自白がなく情況証拠だけで有罪を立証しようとしたケースもあるが、多くの事件で検察官は被疑者の自供が必要だと考えている。科学捜査が進んでいるとは言え、現行犯ででもなければ、被疑者の自供なしには客観的な証拠を発見するのさえ困難なこともある。未解決事件の増加とそれによる自身への信頼感の喪失を恐れる捜査機関が、自供による立件に誘惑を覚えるとしても不思議ではない。虚偽自白が増えるゆえんである。

裁判官と検察官は同じ司法官僚である。旧刑事訴訟法時代のように、形の上で両者が同じ壇上にいるわけではないが、今日でも、裁判官が法務省に出向したりする形で人事交流は盛んである。当事者主義の下、法廷で対等な被告人・弁護人よりも、裁判官が検察官の方に親近感をもつのは、理由がない訳ではない。無罪判決は、警察・検察の犯罪立件の努力を無にすることになるし、多くの場合、時効などで、真犯人を取り逃がすことにもなり、公権力にとってのメリットはほとんどない。冤罪事件の再審の扱いを見ても、捜査機関・裁判所の不手際ができるだけ目立たないように終わらせたいという意向が読み取れる。

次の問題点は裁判の長期化である。（2）で見たとおり、刑事訴訟法は刑罰法令の「迅速な」適用を求めている。それでは何故裁判が長期化するのか。一つの理由は、明らかに裁判官の絶対的員数の不足である。現在、裁判官数は約三千五百人と言われているが、この人数で大量の民事・刑事・行政事件を扱っている。一人の裁判官が二百件以上の事件を抱えているという指摘もある。しかし、この理由は、司法制度改革全体の中で解決してもらわなければならない。それよりも大事な理由は、いわゆる「精密司法」との関係にある。第一審の平均的な係属期間は三カ月未満と、それほど長い訳ではないが、特に、否認重大事件では、検証する証拠も尋問する証人の数も多くなるので、相当の期間を要する。「適正な」刑罰法令の適用をするためにも、冤罪を避けるためにも、行為と行為者に関する真実の究明が必要であるから、これを犠牲にするのでない限り、裁判の迅速化は難しい。解決策の一つとしての「公判前整理手続」の是非については、（4）で論じる。

第三の問題点は、刑事司法が市民感覚を反映していない点であるという。司法制度改革審議会で国民の司法参加が取り上げられることになった理由の一つはここにある。国民は、何に違和感をもっているのであろうか。

『刑法の「常識」は社会の「非常識」!?――だから裁判員の判断は正しい。』という帯のついた本（谷岡一郎『はじめての刑法入門』ちくまプリマー新書）がある。学説によっては異論もあろうが、刑法という法律は、基本的に被害者の立場に立って立法されていない。原則として、故意犯しか処罰しない、未遂でも既遂でも同一法定刑で処罰する（普通の国民は行為の反規範性より結果の重大性を重く見る傾向があるが）というルールもそうであるが、占有の回復可能な窃盗罪より回復不可能な器物損壊罪の方がずっと軽い罪であったり、強盗罪の方が強姦罪よりも重罪とされていたり、さらには、被害者のいない犯罪があったり（裁判官以外は刑の量定の基準が全く分からない）など、公権力の性質の項で述べたとおりである。裁判官は、当然、法定刑をもとにして宣告刑を導くから、素人（被害者も含む）には納得の行かないこともまま出てくる。しかし、この不満を国民目線で修正するために国民の司法参加を推進するのが妥当なのかどうか、（4）で再検討することにする。

## （4）裁判員制度は刑事裁判を改革できるか

### i　冤罪について

裁判員が有罪・無罪の判断に参加しても、およそ人間のやることであるから、百パーセント冤罪が防げる保証はない。しかし、われわれが真犯人の取り逃がしの防止よりも冤罪の防止を選択したのだということを肝に銘じ、伝聞法則と自白法則が守られているかどうかを厳格に注視し、可視化と弁護人立会権の認められていない、しかも長期（二三日間でも被疑者にとっては相当長い）にわたる取り調べの末作られた供述調書よりも法廷での被告人の供述を信用する、ということを徹底すれば、真犯人の取り逃がしは増えるかもしれないが冤罪はほぼ防げる。裁判官がどう認定しようと裁判員六人中五人がその線を譲らなければ、無罪とせざるを得ないからである。

しかし、「疑わしきは被告人の利益に」を勝ち取るまでの人類の長く苛酷な戦いについて何も知らず、憲法や刑事訴訟法が自白法則や伝聞法則をいかに重要なものとして扱っているかも理解していない裁判員に、上記のようなスタンスをとることを期待するのは無理というほかはない。

裁判員制度についてのQ&A本の中には、「法律の知識がないのに、的確な判断ができるか？」という質問に対して、「法律の知識は、裁判員に必要ありません。求められているのは、普通の生活を送っているあなたの『良識』や『常識』です。」と答えているもの（読売新聞社会部裁判員制度取材班『これ一冊で裁判員制度がわかる』中央公論新社、九八頁）があるが、その程度の良識や常識なら裁判官ももっているはずで、刑事裁判に裁判員が加わって判断する意味がない。裁判員資格者から法曹（経験者）や法律学専門の教授、准教授が排除されているのは、法律専門家でない素人の良識や常識を大事にするというよりも、供述調書その他の証拠の証拠能力について、裁判官がこれまでの採用基準を変えたくなかったからではないか、評議でその点について議論が紛糾するのを避けたかったからではないかという疑いさえ生じる。取調時の可視化や弁護人立会権に消極的なのも、冤罪防止を刑事裁判における最高かつ究極の目標とはしていない何よりの証拠である。いずれにしても、裁判員が加わったからといって、これまでより冤罪の確率が減少するとは言えない、ということが理解されるであろう。

ii　裁判の迅速化について

オウム真理教の教祖松本智津夫の裁判は一審だけで七年の歳月を要した。関わった事件数の多さもさることながら、殺人等について本人が「弟子のやったこと」として容疑を否認し、弁護人も事件の子細にわたる点まで拘ったことがその原因である。確かに、重大事件において被告人が起訴事実を否認する場合には、裁判に時間がかかる。そして、そうした事件は重大であるがゆえに人々の関心を呼ぶ。人々が、刑事裁判は時間がかかるという印象をもつのはこのためであろう。しかし、多くの自認事件では、公判が刑の言い渡しを含めて二回で終わるケースも多い。

裁判員裁判は、重大事件のみ対象とする。したがって、従来の例でいえば相当の歳月を要する。裁判員は、裁判官と違って他の仕事をもっている人達であるから、長期間拘束することはできない。また、素人ゆえに、裁判という気骨の折れる仕事に長期間関わることは精神的に無理がある。長期間の束縛は、彼らの精神的・身体的能力の限界を超えることになる。

そうした裁判員の事情を考慮して、裁判員裁判をするときには必ず公判前整理手続を経ることとした。既述のように、公判前整理手続は、裁判官・検察官・弁護人が一堂に会して、訴訟の進め方や提出する証拠についてあらかじめ整理する手続であるが、被告人は参加しなくてもよく、無論、裁判員は参加しない。この手続を入れることは、裁判官の事案に対する先入観を排除するためにこれまで採られてきた起訴状一本主義に修正を加え、第一回公判における冒頭手続を裁判員や傍聴人に向けたセレモニーにしてしまった。裁判官は、対等の職権をもって活動するはずの裁判員より、この段階で事案に関するずっと多くの情報をもつことになる。評議における主導権は、どうしても裁判官が握ることになりはしないか。

確かに、公判前整理手続のおかげで、裁判員裁判は、自認事件の場合二日ないし四日、否認事件でも六日くらい（百日という例外的な事件もあった）で裁判員選任手続から刑の言渡しまでが終了し、裁判の迅速化には大いに貢献している。担当した裁判員の終了後の談話を聞いても、大方が、良い経験になったと評価している。しかし、裁判は、裁判員の自己満足で終わっていいわけがない。果たして、こうした迅速な手続で、事案の真相の解明は十分に行われているのであろうか。「核心司法」で刑罰法令の適切な適用はできているのであろうか。被告人の自認は額面どおり受け取っていいのだろうか。急ぐあまり、証拠の取捨選択に誤りは出ないのだろうか。疑問は尽きない。評議の内容が明らかにされないので真相はわからないが、特に自認事件では、重大事件の割りには証拠調べが雑なような印象を受ける。

ⅲ　市民感覚の反映について

ところで、国民主権、民主主義のもとで、国民が公共的事柄、とくに権力作用に直接関与しなければならないかどうかについては、議論がある。論者の中には、「国民の司法への直接参加が民主主義の絶対的要請といえるかは疑問」（小田中聰樹『裁判員制度を批判する』花伝社、四五頁）とする者もある。間接民主制をとる我が国では、権力作用のうち立法は二〇歳以上の全国民の選挙によって選ばれた国民を代表する議員によって担われ、行政は、議院内閣制の下で国民の多数（実際には国民の三〇%程度の支持で政権は取れる）の支持する政党が担当することになっている。これに対して、司法は、最高裁判所裁判官の国民審査が形骸化していることもあって、国民の民主的コントロールが及ばないと見られがちである。

しかし、憲法はその七六条三項において、裁判官は、国民の意思の表れである法律による裁判をしなければならないとしており、このことによって司法の民主的コントロールが果たされていると見ることもできる。井上薫は、「…法令に基づく裁判の要請によって裁判官は法令に従って裁判をするしかありません。つまり、裁判の基準として、民意の塊である法令を採用するわけです。こうすれば、裁判の結果もまた、民意に従ったものが期待されるでしょう。こうして、司法に関しても、国民主権の原理が届くような仕組みになっているのです。」（『つぶせ！裁判員制度』新潮新書二五四、七一―七二頁）という。果たして、裁判員という形での国民の司法への直接参加は、司法という権力のコントロールに寄与し、国民の意思を司法に反映することとなるのであろうか。

まず、市民感覚ないし国民の健全な常識と言われるものについて考えてみよう。

「市民」とは、民主制が初めて導入されたギリシャのポリス国家において、「奴隷」の対になる観念として用いられた、政治と軍事を担当する人々であり、世襲された（佐伯啓思『「市民」とは誰か』PHP新書〇二二、一〇四頁以下参照）。つまり、この人々は、生産労働に従事する奴隷とは違って、外敵から国家を守り社会秩序を維持するという「公」に主体的・自律的に関与したのである。今日「市民運動」などと呼ばれるときの「市民」とは意味がだいぶ違い、まさに「市民」こそが公権力だったと言ってもよい。裁判員制度との関係で言われる「市民」は、むしろ「庶民」とか「公衆」という語と同義であり、公権力に支配される人々を指す。前に引用した司法制度改革審議会の意見書は、国民主権原理の下、こうした人々が被統治意識から脱却することが必要だというが、果たしてそうだろうか。

民主主義・国民主権は、確かに、国民に政権の選択をさせる制度である。二〇〇九年八月三〇日におきた政権交代を国民（市民）による一大革命と評価する向きもある。しかし、国民はすでに知っていた。自分たちが、政権を奪取した民主党の政策を全面的に支持しているわけでもないし、新政権がいわゆるマニュフェストを完全に実現してくれるわけでもないことを。いくら政権選択権を行使して政権担当者を交替させても、公権力は依然として公権力であり、個々の国民の利益よりはその原始的機能を果たすことにより大きなウエイトを置く。そのためには、身辺の無事願望と経済生活の安定願望を「最大多数の最大幸福」の限度で満たしてやればよい。何しろ、国民の三〇％の支持で政権は取れるのであるから。何度政権選択権を行使しても、この図式は永遠に変わらない。

国民の当面の関心事は、身辺の無事と経済生活の安定である。公共の問題に対する関心は薄い。われわれ個々人は、社会的事象に関しても、通常は、個々人のレベルで判断を下す。国家・社会レベルの発想は乏しい。犯罪という公共の出来事は、本来、自らが当事者にでもならない限り、どうでもいい事柄である。よほど重大な事件ででもなければ、関心は持たない。重大な事件でも「お上」が何とか処理してくれるはずとして、被害者がかわいそうだとか加害者が憎らしいという感情は抱いても、自らそれに深くコミットしようなどとは思わない。

しかし、それはそれでいいのである。「よらしむべし知らしむべからず」とは違い、主権者たる国民が権力を監視し、政権選択権を行使する時にはそれを活かす、というのは当然であるが、どのような行為を犯罪にするかの決定権もない国民が犯罪に対処する活動に主体的に関与する責務はないのである。その責務は、その任に当たるべく位置づけられた人々・機関にある。

裁判員も、通常は、犯罪問題に深くコミットすることのない、その必要もない国民である。人は、情報統合体であるから、自らの情報系に同調・共振する刺激にしか反応しない。それ以外の刺激は意味ある情報にはならないのである。だからこそ、関心を持ちそうな重大事件だけを対象にした、ということでもあろうが、それでも、その事件への関心の持ち方は、やはり個々人レベルの発想からになってしまう。これは良い悪いの問題ではない。そういう習性なのである。論者から、量刑について、「量刑基準の知識は市民生活の中にはない。」「『市民感覚』とは、何のことはない、わが国の刑事裁判の量刑一覧表に被害者感情を加えたもののことだったのだ。」（高山俊吉『裁判員制度はいらない』講談社、八七―八八頁）という評価がでてくるのもやむを得ない。

健全な常識についても触れておこう。小田中聰樹は「もともと社会常識とは多様性とともにかなりの程度の普遍性を持つものであり、その意味では一種の健全性を持っている。にも拘わらず裁判員制度導入の基本目的としてわざわざ『健全な』という字句を挿入しているのはなぜか。それは、統治層（その司法代理人としての裁判官）にとって好ましい（健全な）社会常識と好ましくない（不健全な）社会常識とを選別しようとする志向に基づくものである。」（前掲書一一一頁）と述べているが、この関係で思い出されるのが、裁判員裁判ではなかったが、光市母子殺害事件の差戻後控訴審での議論である。

死刑を選択される可能性が高いことを見越してか、被告人・弁護人側は、それまで認めてきた検察官のストーリーを一変させる主張を展開した。強姦致死は、被害者を慕って抱きついたときに誤って首に手がかかってしまった過失致死、屍姦は蘇りの儀式、死体を押し入れに隠したのは、「ドラえもん」が何とかしてくれると思った、というものである。被告人は、事件当時、一八歳の少年だが社会人であった。さて、この新たな主張をどのように考えるか。多くの善良な市民は、弁護団の真剣さとは裏腹に、自分たちの経験に照らして「荒唐無稽」と一蹴するであろう。一八歳にもなる人間が、赤の他人に母恋しさの思いで抱きつく、さらに姦淫を蘇りの儀式と、死体の隠蔽を、小学生でも知っている架空の「ドラえもん」で説明しようとする。これは死刑逃れの嘘の供述と誰もが考えそうである。それこそ「健全な」常識というものである、と。

広島高裁の判断もそのとおりであった。しかし、科学的には存在が確認されている紫外線や赤外線が肉眼では見えない、ある一定の幅の周波数の音しか聞き取れないのと同じように、われわれの常識には一定の幅があり、それを超える事柄の認識には拒絶反応が働く。「事実は小説よりも奇なり」というように、真相は被告人の供述どおりであったかもしれない。それとも、刑事裁判というものは、「荒唐無稽」は切って捨てる、ということでよいのであろうか。

市民感覚の反映の一つの方法として、これも民主的な司法の運営を意図したものであろうか、評決に多数決が採られていることの是非にも触れておこう。合議制の裁判では、これまでも多数決が採られることになっているようであるが、それは「疑わしきは被告人の利益に」の原則に反することにはならないのであろうか。田邊信好は、次のように述べている。「郵政を民営化すべきか否か、消費税を何パーセントか引き上げるべきか否か、自衛隊をイラクに派遣すべきか否かなど国の政策を決めるのは、国民の選挙によって選ばれた国政を託された代表者（国会議員）の多数決で決めればよい。これらの政策は、客観的にどうでなければならないという性質のものではないからである。しかし、被告人が真犯人か無実かは、素人（しかも国民の代表者ではないー筆者注）も加わって多数決で決めてもらっては困る。そんなことは断じて許せない。なぜか。被告人が真犯人か無実かは、いずれであるにしろ客観的事実であるからである。そこに、政策決定と事実認定との本質的な差異がある。」（『これでいいのか裁判員制度』文芸社、八二頁）と。

被告人が犯したとされる犯罪は、過去の歴史的一回的事実である。歴史的事実（例えば、邪馬台国がどこにあったか）が多数決による決定に馴染まないように、起訴事実が実際にあったかどうか、ストーリーの主人公が被告人であったかどうかは、多数決で決せられるものではない。無罪推定原則は、一人でも検察官の立証に疑問を持つ者がいる以上は、被告人を無罪とする方向へと進むべきものである。

これまでの議論は、一般市民が裁判員として参加した場合に刑事裁判に市民感覚が反映されるか、というものであったが、ここで、一般市民は刑事裁判で有罪・無罪を判定し、量刑をすることが許されるのか、という本質的な議論に移ろう。裁判官といい裁判員という、「裁く」という語が使われていることから、これらの人々は被告人を「裁く」仕事をするという誤解があった。『殺人犯を裁けますか？——裁判員制度の問題点——』（田中克人著　駒草書房）という題名の本もあり、罪刑法定主義のなかった江戸時代には、司法は「お裁き」と言われた。

しかし、刑事裁判は「お裁き」ではなく刑罰法令の法的手続に従った適用である。神ならぬ人に「人を裁く」資格はない。新約聖書には次のような言葉がある。「人を裁くな。あなたがたも裁かれないようにするためである。あなたがたは、自分の裁く裁きで裁かれ、自分を量る秤で量り与えられる。あなたは、兄弟の目にあるおが屑は見えるのに、なぜ自分の目の中にある丸太に気づかないのか。兄弟に向かって、『あなたの目からおが屑を取らせてください』と、どうして言えようか。自分の目に丸太があるではないか。偽善者よ、まず自分の目から丸太を取り除け。そうすれば、はっきり見えるようになって、兄弟の目からおが屑を取り除くことができる。」（マタイによる福音書第七章第一節―五節）と。また、姦通の現場で捕らえられた女について、ファリサイ派の人々からどう考えるかと問われたイエスが、「あなたがたの中で罪を犯したことのない者が、まず、この女に石を投げなさい。」と言った記事（ヨハネによる福音書第八章第三節―一一節）もある。このような感覚は、日本人の中にもあるようで、嵐山光三郎は「人を裁くというのはげに恐るべきことで、神の仕事だ。その恐るべきことを敢えてやるのがプロの裁判官なのだと思う。」（高山・前掲書一一一頁。ただし、裁判官も「裁く」人ではない）と述べている。

裁判官の中には「説諭」という形で、判決とその理由以外に、被告人の更生を期待している、という趣旨の発言をする者がある。しかし、裁判官も、「人を裁く」者ではなく、単に、確かに余人にはできない重大な役目を担ってはいるが、法に仕える「司祭」に過ぎない。説諭は、被告人を高みから見て、自らの役割の限界を逸脱した余計な「おしゃべり」である。ましてや、法について素人の一般市民は、このような役割を担うべき能力も資格もないのであるから、参加すべきではない。

最後に、裁判官は指摘されるほど市民感覚から離れている訳ではない、ということを、判例理論のいくつかを参考にしながら述べて行きたいと思う。

初めに「共謀共同正犯理論」である。刑法六〇条の規定の文言にもかかわらず、裁判所は早くから、犯罪実行行為を現場で共同しない共謀者にも共同正犯としての違法性を認定してきた。いわゆる「共同意思主体説」である。この学説には「刑法の個人責任の原則を逸脱し団体責任を認めるものだ」との批判があったが、判例は、一貫して、「首謀者」は正犯として罰せられるべきだという信念を貫いてき、学説も、説明方法は異なるが、共謀共同正犯それ自体は承認するようになってきた。オウム真理教の例を挙げれば、恐らく一般市民の法感情は、地下鉄サリン事件を始めとする一連のオウム犯罪が、実は実行犯のそれに止まらず、教祖である松本智津夫自身の犯罪である、と認めるであろう。彼は、犯行現場へは行っていないが、殺人等の犯罪を唆したのではなく自分で行ったのだ、教唆犯ではなく正犯である、とするのが市民の偽らざる感情である。裁判官は、刑法理論に拘る学説を尻目に、それを是とした。共犯現象の特殊性を考慮した判断である。

二番目に挙げるのは「胎児傷害」についての判例である。学説の大半は、これを処罰するのは罪刑法定主義違反であるとして、その可罰性を認めない。しかし、熊本水俣病刑事事件で熊本地裁は、致死の原因となる行為が胎児のときに実行されても、「人」となった後に実行されたものであっても、価値的に格別の差異はない、胎児性水俣病によるものであっても業務上過失致死罪が成立する、とした。最高裁も、理論構成は違うが、結果として業務上過失致死罪の成立を認めた（最決昭和六三・二・二九刑集四二・二・三一四）。これも、形式論理に拘る学説とは異なり、事態を、それこそ健全な常識をもって見つめた結論と言えよう。

第三は、「死者の占有」に関する判例（例えば、最判昭四一・四・八刑集二〇・四・二〇七）である。果たして死体から財物を持ち去るのは占有離脱物横領なのか窃盗なのか。これは死生観にかかわる問題であるから、一概に市民感覚がどうだこうだとは言えない。しかし、少なくとも私は、道に落ちている財布を拾うよりも死体のポケットに入っている財布を取ることに抵抗感を覚える。裁判官は、まだ死んで間もない死体（生々しい死体）からの領得を窃盗に当たる、と考えた。多数説は、支配意思の無い死体に占有はなく、したがって占有離脱物横領罪が成立するに過ぎないとする。しかし、私と同じように死体からの財物の奪取に抵抗感を持つ人にとっては、当該行為は「占有侵害」のはずである。

刑法典には規定されていない事柄に関する判例理論の中には、市民感覚や市民の処罰感情を汲み取ったものが多く見られる。

## (5) 裁判員制度の是非

裁判員制度については、以上に述べてきた問題点以外にも、憲法上重大な疑念が持たれている。まず全体として、現行憲法が職業裁判官以外の構成員から成る裁判所を想定していない、とする見解がある（この問題についての賛否の議論は、柳瀬昇『裁判員制度の立法学』日本評論社、二二〇頁以下参照）。また、裁判員の立場からの問題として、憲法一八条（意に反する苦役の禁止）、一九条（思想・信条の自由）が、被告人の立場からの問題として、三二条（裁判を受ける権利）、三七条（公開裁判を受ける権利）が、裁判官の立場からの問題として、七六条三項（裁判官の独立）が議論の対象になっている。

しかし、裁判員制度は、憲法学者である佐藤幸治が会長を務める司法制度改革審議会でその採用が検討され、その後の国会審議でも政府参考人から憲法適合性が認められ、法案成立後からは、最高裁判所、法務省、日弁連が一緒になってその円滑な導入に力を入れてきた。特に、違憲立法審査権をもつ最高裁が先頭に立ち、相当な予算を使ってＰＲビデオを作り模擬裁判の開催をしてきたことの意味は大きい。違憲論に対する理論武装は十分にできていると見て差し支えない。問題は、むしろ、違憲立法審査権をもつ最高裁が一つの法律の推進に主導的な役割を演じ、違憲論をあらかじめ封殺してしまったことにある。裁判員裁判を強要される被告人が違憲の訴えを起こしても、答えはとっくに分かっている。最高裁が違憲判決を出すはずがない（すでに最高裁は合憲判断をしている）。何しろ自衛隊の存在が憲法九条違反ではないのであるから、憲法問題についてはどのような理屈でもつく。

裁判員制度は、裁判員経験者に対する法教育、遵法意識の強化という面では、一定の刑事政策的効果はあるのかもしれない。しかし、裁判員経験者の数は、国民の中の圧倒的少数であり、守秘義務との関係で、その経験を他の国民と共有することができないから、効果は広範囲には及ばないし、本当に国民の意思が判決に反映されているのかどうかも検証できない。裁判官だけではなく自分たちの仲間が参加しているから裁判に対する信頼感が増し、裁判の権威が高まるというような単純なものではない。いくら裁判員側に評判の良い制度であっても、刑事政策的見地からこれを冷静に観察して、原理的に妥当な方法でないならば、いつか破綻する。

（4）で検討したように、裁判員制度は、国家的制度として正当ではない。民主主義国家であろうと独裁国家であろうと、国民と公権力との権力関係に差異はない。公権力は、依然として、縄張り争いと序列争いの中から、最高の「暴力」として出現する。両者の違いは、公権力の正当化根拠（国民の意思）だけである。国民主権国家でも事実上の権力（暴力）は公権力にあり、国民は被統治者に過ぎない。そして、公権力の原始的機能は、対外的には外敵の排除であり、対内的には社会秩序の維持・実現、つまり国民の身辺の無事願望と経済生活の安定願望の充足である。「犯罪」を特定できるのは公権力だけであり、したがって、犯罪に対処する責務は、全面的に公権力にある。手から口への生活に追われている被統治者たる国民は、犯罪被害に遇いたくないから事実上「犯罪対処活動」を行なっているが、原理的には、その責務は無い。まして、公権力の行使である裁判に参加することを強制されるいわれはない。

また、刑事裁判は、被告人を「裁く」のではなく、公訴事実を検察官が「法」に則り合理的な疑いを容れない程度に証明できたかを確認し、行われた犯罪に刑罰「法令」を厳格に適用する過程であるから、刑法も刑事訴訟法も知らない全くの素人たる国民が参加すべきではない（評議でいくら裁判官が法律解釈を丁寧に説明しても、多くの裁判員には理解できないことは、法学部で教える教員なら誰でも知っている）。

以上の二点から、裁判員制度は、刑事政策的に見て妥当な制度だとは言えない。

# あとがき

教科書としては異例であるが、「はしがき」で書けなかったことを「あとがき」として書くことにする。

これまでどのくらいの刑事政策の教科書が出版されたか分からないが、少なくとも私が読んだ教科書は、専門家かせいぜい刑事政策を履修した以上読まざるをえなかった院生・学生以外の一般読者には、むずかしくてとても読み通す気にはならないだろうと思われるものがほとんどだった。

本書の出版にあたって心掛けたのは、内容はもちろん体裁も、一般読者に読む気を起こさせることだった。それは刑事政策についてもっと多くの人に知ってもらうことが大切だと考えたからである。とくに警察官になろうとしている学生には、自分たちが公権力の一翼を担うことになるのだという自覚を植え付けたかった。

したがって、できるだけ平易な日本語で文章を書き、「読み物」として最後まで読み通せるものにしたつもりである。学生には、「日本人なら誰でも解る刑事政策」を書いた、と宣伝している。ただ、正確を期すためには、どうしても法律の条文を多数引用しなければならなかった。条文は官僚の作文なので、慣れない人には訳が分からなくなってしまうことがある。その点はご容赦願いたい。

この本が出版にまでこぎつけたのは、多くの人々のお陰である。「分かりやすい内容と文章を」ということで、私のところで刑法の勉強をしている大学院生の西川翔也君には、原稿の精読をお願いし、たくさんのアドバイスをいただいた。

刑事政策学に関する私の知識・ものの考え方のほとんどは、恩師・須々木主一先生から直接または著書・論文・レジュメを通して教えていただいたものである。先生の書かれたものはむずかしいので、私の思い込みがあり、先生からは「俺はそんなことを教えた覚えはない」と叱られてしまうかもしれないが、先生の教えがなかったなら本書が成らなかったことだけは間違いない。感謝の気持ちは、言葉で言い尽くせない。

「はしがき」で人間学を基盤にした刑事政策学を構想すると記したが、その関係で、読者の参考のためにも、著書を通して私が大きな影響を受けた何人かの先生の名前を挙げさせていただく。日本人論については山本七平、ユング心理学については河合隼雄、文明論については佐伯啓思、脳生理学については時実利彦、情報学については西垣通の各先生である。記して、感謝を申し上げたい。

本書の編集全般については、成文堂編集部の飯村晃弘氏に大変お世話になった。飯村氏の「面白かった」の一言に勇気づけられ、校正に入ることができた。

成文堂の阿部耕一社長には、売れるかどうかも分からない本書の出版を快諾していただき、その御厚意に心から感謝申し上げたい。

本書の執筆に最後の一押しをして下さったのは、成文堂取締役の土子三男氏である。実は、前著の出版の折、土子氏とは教科書の執筆を約束していた。しかし、私が体調を崩したのと日頃の怠惰のせいで、長期間実現しなかったのである。随分お待たせしてしまったが、土子氏が年賀状に書いて下さった「そろそろ」という言葉で、踏ん切りがついた。土子氏には、「本当にありがとうございました」と申し上げたい。

平成二四年師走

米山哲夫

**著者紹介**
米山哲夫（よねやま てつお）
1949年　横浜市に生まれる
1973年　早稲田大学法学部卒業
1982年　早稲田大学大学院法学研究科博士後期過程
期間満了退学
1987年　駿河台大学法学部専任講師、助教授を経て
現　在　駿河台大学法学部教授

**主著**
『情報化社会の犯罪対策論』（成文堂，2001年）

公権力を監視する
—国民のための刑事政策原論—

2013年3月29日　初版第1刷発行

著　者　米　山　哲　夫
発行者　阿　部　耕　一

〒162-0041　東京都新宿区早稲田鶴巻町514番地
発行所　株式会社　成　文　堂
電話 03(3203)9201(代)　Fax 03(3203)9206
http://www.seibundoh.co.jp

製版・印刷製本　藤原印刷　　検印省略
☆乱丁・落丁はおとりかえいたします☆

ISBN978-4-7923-1975-5　C3032
定価（本体2400円＋税）